# 総合的学習の指導法

## ― Making of 総合的学習

子どもの遊びと手の労働研究会 編

# はじめに

## 総合的学習が学校に学びを運んでくる

学習指導要領の改訂で、小学校に英語が入ってきたり、プログラミング学習が取りあげられたりと、新しいことがたくさん行われるようになります。そのため、総合的な学習の時間（総合的学習）は削られてしまうのではないか、行事の時間に組み込まれてしまうのではないか、という不安が教育現場に広がっています。

結論から言えば、そのようなことはありません。むしろ、総合的学習は、カリキュラムマネジメントの中心として、これまでになかった現代的な課題や、各学校・地域で子どもに必要だと考える内容を独自に組み立て、単元として子どもたちとともに学ぶ時間として、新しい学習指導要領の要となる領域とされています。

## 総合的学習を10倍楽しむために

しかし、これまで教師や子どもが教育内容を自ら選定して単元を構成するという経験が日本の学校教育には、まだ不足しています。総合的学習が登場して10数年経った今でもそのことは変わりません。そこで、総合的学習の時間の授業をゼロからつくり、総合的学習を10倍楽しむことをねらいとして本書を作成しました。

## Making of を書いてみた

本書はこれまでの総合的学習に関する本とは異なり、本当に現場の先生方が困っておられることや授業づくりのかゆいところに手が届くような内容にしたいと思いました。そのため、第2章にあげた実践例はすべて、その実践ができるまでのMakig ofを中心に失敗も含めて書きました。お祭りやイベントは、当日も楽しいのですが、そこに至るまでの過程がより楽しいものです。総合的学習も同じで、授業づくりに至る教材研究の時間が楽しいのです。だからこそ、あえてMaking ofをまとめてみました。また、これらの実践はあとがきにある手労研のメンバーが書きました。ぜひ、この本を読んで、子どもとともに学ぶ楽しさ・素晴らしさを味わって下さい。

千葉大学　教授　鈴木隆司

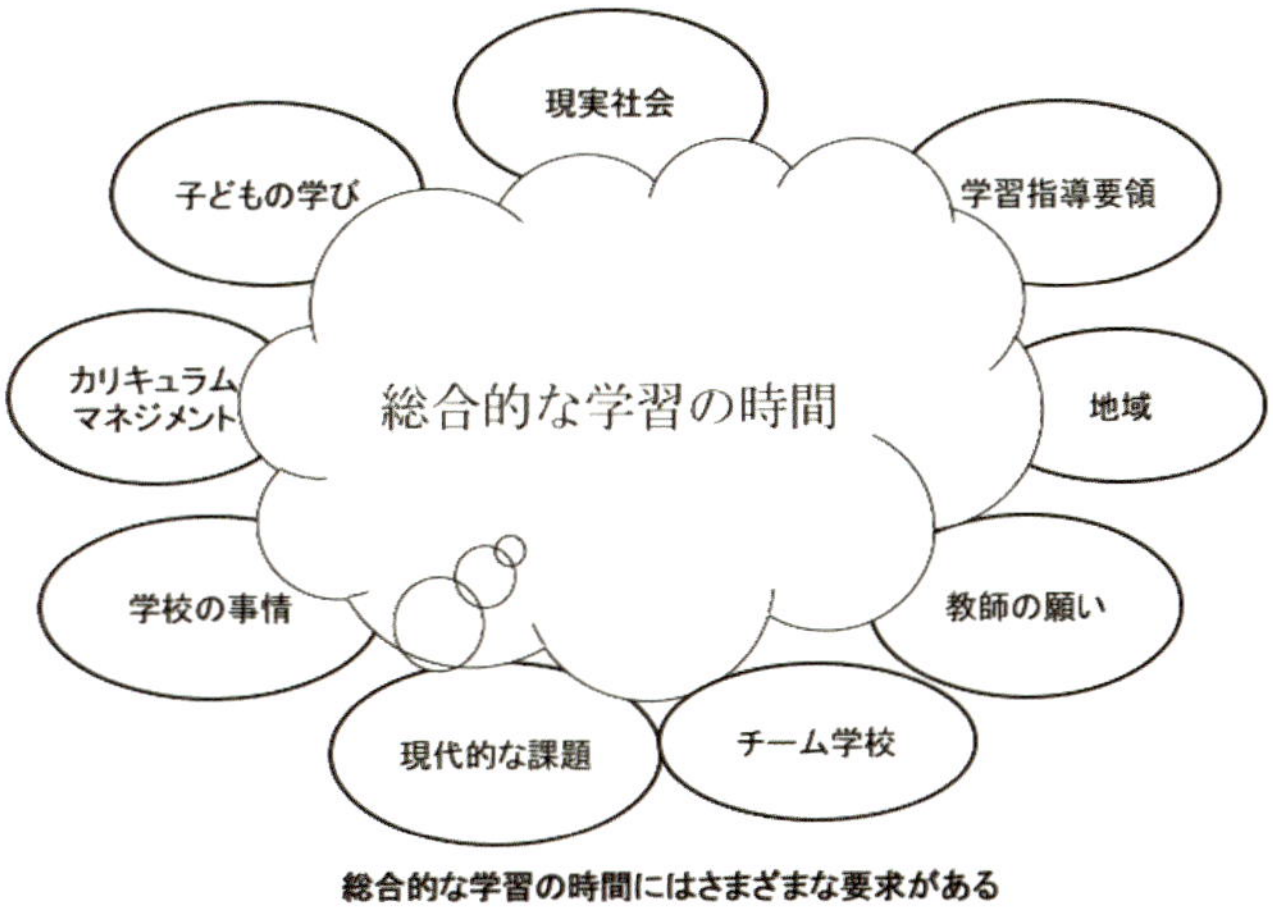


総合的な学習の時間にはさまざまな要求がある

# 総合的学習の指導法 ― Making of 総合的学習

## もくじ

はじめに 2

第1章 総合的学習が学校を楽しくする 6

第1節 子どもの真の学びをつくりだす総合的学習 6

第2節 総合的学習の魅力を掘り出そう 8

第2章 Making of 総合的学習 最初の一歩から 12

第1節 子どもの遊びから学びをつくりあげる 12

第2節 「お米」をテーマに総合的学習を広げる 21

第3節 こだわりをもって総合的学習の授業をつくる 34

第4節 塩づくり×中学生 塩っていいにおい!? 44

第5節 子どもの「知りたい・学びたい」を出発点に「ケータイ・ネット社会」を見つめる 53

第3章　総合的学習の単元をつくりかえる　66
第1節　総合的学習の指導計画どうやってたてていますか？　66
第2節　単元の名称を考える　70
第3節　単元に折り込む3つ　72
第4節　総合的学習をつくりかえるチェックポイント　76
第4章　総合的学習の授業　3つの転換1つの挑戦　80
第1節　子どもの学びが広がる授業への転換　Ⅰ学習観の転換　80
第2節　子どもと決める教材　Ⅱ教材研究の転換　87
第3節　子どもとともに学ぶ　Ⅲ指導観の転換　89
第4節　これまで学べなかった内容を学ぶ　新しい学びへの挑戦　94
第5章　楽しい総合的学習の授業をつくり出そう　98
あとがき　105
執筆者ほかプロフィール　106
●表紙デザイン　本田いく

# 第１章　総合的学習が学校を楽しくする

## 第１節　子どもの真の学びをつくりだす総合的学習

### 「学びたいことが学べる総合の時間が好きです」

　これは、ある子どもが感想に書いてきた一節です。「総合の時間は学びたいことが学べるから好きです。」子どもの目から見て総合的学習は学ぶ内容を自分で選択できる楽しい時間と映っているようです。「総合的な学習の時間」は小学校、中学校、高等学校、中等教育学校、特別支援学校で２０００（平成十二）年から段階的に始められました。教科書はなく、子どもの主体的な学びを尊重して、体験的・問題解決的な学習を中心とする探求的な学習を進める新しい領域としてスタートしたのです。

　いろいろと自由にやりたいことがある子どもや学校・学級では、こうした自由な時間として総合的学習が歓迎されました。一方で、これまで教える内容を自由に決めて授業をつくっていくという流れがなかったため困惑した学校・先生もいました。そのため文部科学省からも例示が出されたり、典型的な実践がまとめられたりと現場が混乱しないように資料が示されてきました。それからおよそ20年近くがたとうとしています。20年の中で得られた答えが子どもの声にある「学びたいことが学べる楽しさ」ではないでしょうか。

## 総合的学習を楽しもう

「総合的学習」は学校によって名称も異なり、内容も展開の仕方も異なります。教科書もありません。そこで大切にされてきたのは現実です。近代以後、学校はひとりひとりの子どもの発達・成長を目指すとともに、社会に適応する市民を育んできました。そのため、教科と集団活動を通して文化の伝達がされてきました。その際、子どもにはピュアなものを伝えていこうということになり、精選された教育内容を基礎基本として組織的に教育課程として編成されてきました。その結果、学校は「勉強するところ」になっていきました。「勉強」というのは、読んで字の如く「いやなことでもがんばってやる」という意味です。立派な大人になるためには、現在はいやなことでもがんばってやらなければならないとされてきました。

ところが、現代になってこうした「勉強」だけでは現在を生きる市民として充分な資質・能力を得ることができないと考えられるようになりました。子どもたちは誰でも学校に通って賢くなりたいと思っています。そして学校は楽しいところであって欲しいと願っています。その願いを叶えるためには、学校は「勉強」するところではなく、「学ぶところ」として生まれ変わることが必要です。学校で「学ぶこと」は楽しくて、人とのつながりが持てて、社会や現実の世界が豊かに見えるようになる、そんな学校が期待されるようになりました。そこで生まれたのが「総合的な学習の時間」です。

こういった経緯を考えてみると、総合的学習の一番大切なことは「学びを楽しむ」ことです。そこでは「学びたいことが学べる」ようになっていることが必要なのです。

## 第2節　総合的学習の魅力を掘りだそう

### 総合的学習の魅力はどこにあるの？

　とはいうものの、「総合的学習」に魅力がないと誰も振り向きもしません。ましてや時間がない現在の学校です。総合的学習を行事の準備に充てるということもあるでしょう。また、「毎年これをやっているから」といった慣例的・形式的になっている面もあるのではないでしょうか。これでは総合的学習の理念がいくら立派でも楽しい学びを形成することができません。それは、総合的学習の価値が充分に伝わっていないため、並びに総合的学習の展開の仕方が充分に理解されていないためだと思われます。そうした価値や学びはこれまで語られてきた理念よりも、実践の中にあると思います。そこにこれまでの教科・領域と総合的学習の違いがあります。総合的学習は、学校の現場でつくられるものです。そうした視点で、総合的学習の魅力を見つめ直してみましょう。

### 総合的学習の3つの魅力

　総合的学習には3つの魅力があります。

①知っているよりもやったことがあることが大切

　総合的学習では、単に知っているといった知識を蓄積することに価値を見出しません。むしろ、やったことがあるという体験的な活動に価値を見出します。子どもたちが、学ぶことが価値あることだという思いを抱くようになってくれるためには、知っているだけではだめです。知っていることなら、スマホでささっと調べてしまえばできることです。大切なのは、得た情報を自分の中で価値付けるということです。そのために、「やってみる」という活動が必要になります。子どもは「やってみる」ことによって、学びを実感のあるものとして取り込みます。子どもは「やってみること」によって物事に関心を持つようになります。関心を持つようになると、もっとやりたいと思って没頭するようになります。そうした学びを経て、子どもは大人が予想もしなかったほど、深く・広く世界を、人を、物事を読み解くようになります。知っているよりも、やったことがあるというのが総合的学習の第一の魅力です。

②世の中の現実にダイレクトに迫る

総合的学習で学ぶ対象となるのは、現実の世界です。本や映像といった架空の世界ではなく、現在自分たちが生きている世界と学びがつながるのが総合的学習です。しかも、答えが明確にわからないことにでも挑戦するのが総合的学習です。例えば、子どもたちが総合的学習で、自分たちの住んでいる地域のアピールをしたいということになりました。子どもたちは「どうすれば、自分たちが住んでいる街を知ってもらえるようになるだろうか。」ということを話し合いました。その話し合いの中で、「街の何を知ってもらえばよいのだろうか」という問いが浮かび上がってきました。そこで、地域の自慢すべきところ・いいところ・紹介したいところを探そうとな

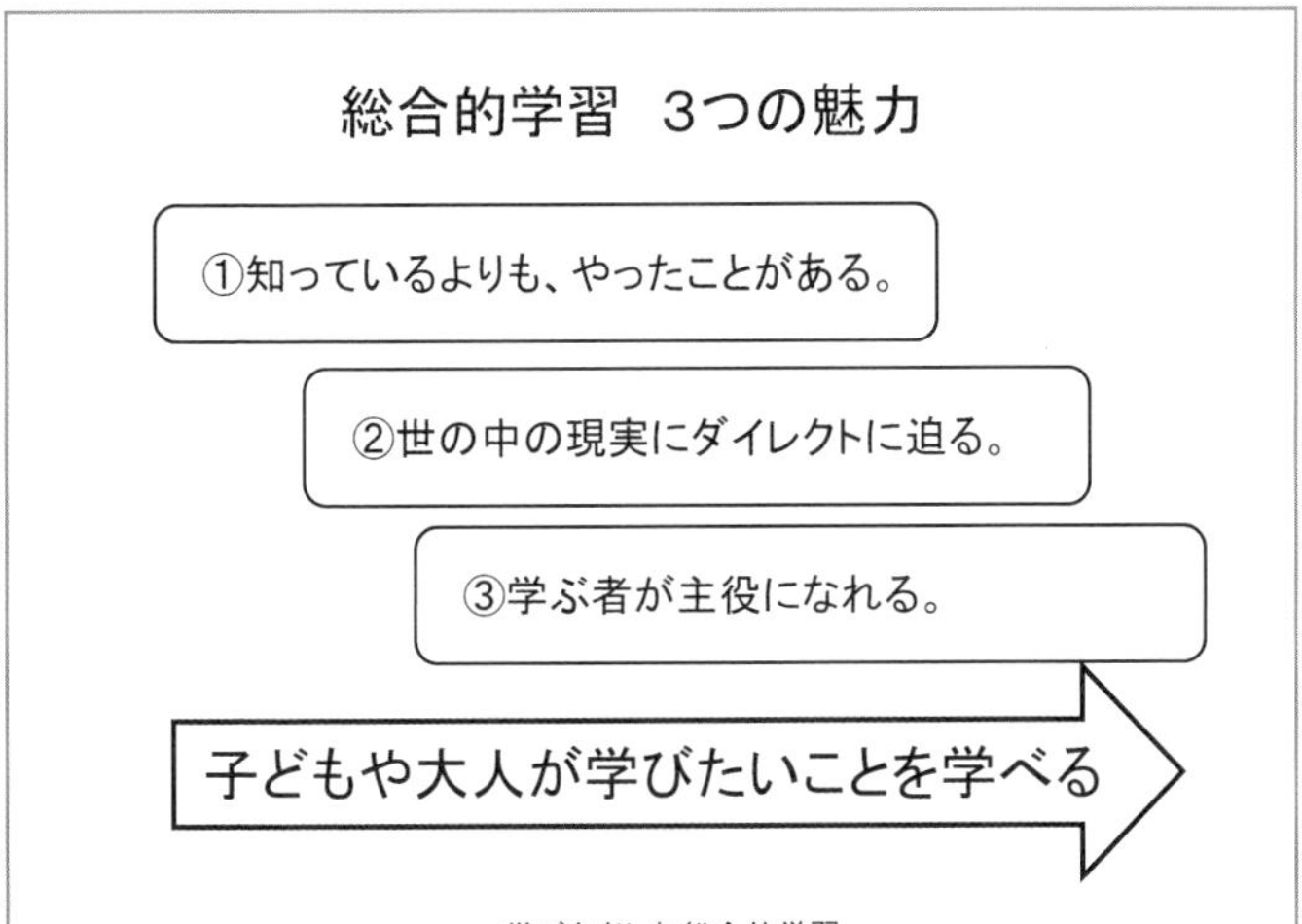
総合的学習　3つの魅力
①知っているよりも、やったことがある。
②世の中の現実にダイレクトに迫る。
③学ぶ者が主役になれる。
子どもや大人が学びたいことを学べる
学びを楽しむ総合的学習

りました。子どもたちは、総合的学習でこのように学びの方向を転換していくことによって、より確かな学びを形成していきます。そして、自分たちが本当に知りたいこと・学びたいことを追求していくようになります。

総合的学習では、正解は大人が持っていて、子どもはそこにアクセスするといったような学び方ができません。大人も答えが分からないような課題に挑戦していくからです。教師としては、これまでの授業と異なり、いささか不安ではありますが、子どもの意欲と活動に押されつつ、子どもとともに問いを解き明かしていくおもしろさを味わうことができます。現実世界にアクセスして、生きた学びを形成することができる。それが総合的学習の第二の魅力です。

③学ぶ者が主役になれる

総合的学習には教科書がありません。「これをしなさい」という強制も弱いです。自分自身が考えて、自分自身がつくっていくといった学びの展開が期待されます。それをひとりで実現するのは大変です。だからこそ、学び合う仲間が必要です。これまでの「勉強」は個人の中に積もる知識の量が問われていました。その知識の量が隣の子どもよりも多ければ「よし」とされていたのです。そのため、「勉強」すれば「勉強」するほど仲間から離れていくという構図になっていました。

総合的学習では、ひとりでは実現できない学びでも仲間と力を合わせて学ぶことができます。だからこそ、できなさそうな課題にも挑戦することができるのです。これまで、知りたかったこと・できるようになりたかったことに気付かされ、その獲得のためにがんばることができるようになる。それが総合的学習の第三の魅力です。

次に、第2章でその魅力について実践を通じて示していきたいと思います。実践は手労研の若手に書いていただきました。とりわけ、どのように実践をつくっていったのかという実践が生まれる過程〝Making of〟を丁寧に書いてもらいました。総合的学習の授業が生まれていくまでに教師は何をしていたのか、どこにおもしろさを感じていたのか、子どもをどう見ていたのか、教材はどうやって見出してきたのか、総合的学習の授業をつくる先生や、これから学ぼうとする学生のみなさんが知りたいと思う中味をいきいきと描き出してもらいました。

# 第2章 Making of 総合的学習 最初の一歩から

## 第1節 子どもの遊びから学びをつくりあげる

総合的学習は、小学校3年生から始まります。しかし、子どもの探究的な学びを大切にする考え方は、低学年にも共通するものがあります。第1節は、低学年での取り組みですが、そうした子どもの学びと遊びに共通点がみられることから取り上げました。

### 「先生！ 遊んできてもいいですか！」

子どもたちは遊ぶことが大好きです。小学校低学年はこうした子ども観から、遊びを学習に取り入れた単元が数多くあります。生活科を軸とした「スタートカリキュラム」や「幼保小の連携授業」などの取り組みをはじめとして、遊びは低学年の活動の中心に置かれています。ところが、わたしが遊びを取り入れた授業を行うとそこから外れてしまう子どもが出てきて頭を悩ませたことがありました。こうした子たちのために個別に計画を立て、どの子でもできるような単元を考えて授業を行い、うまくいったと思ったのですが、休み時間になったとたん「先生！ 遊んできてもいいですか！」という子どもがいました。「それじゃあ君たちが今までやっていたのは何なんだ!?」と頭を抱えたくなるような経験をしました。この時の遊びは、子どものやりたい遊びだと思っていましたが、子どもから見ると「先生がぼくたちにやってほしそうな遊び」だったのでしょう。子どもの姿からは楽しそうに活動しているので遊んでいるように見えるのですが、必ずしもそうではないということを知りました。では、子どもたちが心から熱中して遊ぶにはどうすればいいのでしょうか。

## どうすれば子どもは遊びに熱中するのだろうか？

わたしは、子どもが休み時間に汗いっぱいかいて遊んでいる姿を見て、そして子どもといっしょに遊んでみて、遊びの魅力について考えました。そこで気が付いたのは、遊びそのものに魅力があるということです。だからこそ、子どもたちが熱中して遊びこむことで、遊びの魅力が引き出され、質の高い気付きや人との関わりなどの学びが生まれると考えました。では子どもたちが遊びこむことができるようになるために、わたしたち大人は何ができるのでしょうか。ここでは、学校でできる子どもたちが熱中する遊びの創造を学びとつなげていった実践を振り返って、そこから、総合的な子どもの学びについて考えていきたいと思います。

## 子どもが遊びこむことができる環境づくり

わたしは、一年生の子どもたちが遊びの魅力に気付くことができるように、遊びとの出会いを大切にしようと考えました。でも、「これをやろうよ」と大人から誘いかけるようにはしませんでした。けん玉を1つだけ教室の隅に置いただけです。子どもたちはけん玉があるのを見つけるとすぐに「先生これ！遊んでもいい？」と聞いてきました。保育所でやったことあるという子たちはすぐにけん玉に夢中になりました。一方で、その様子を遠目に見ている子たちもちらほら。自分ではけん玉を手に取らないけれど、興味がないわけではなさそうです。やってみたいけれど、できるかわからな

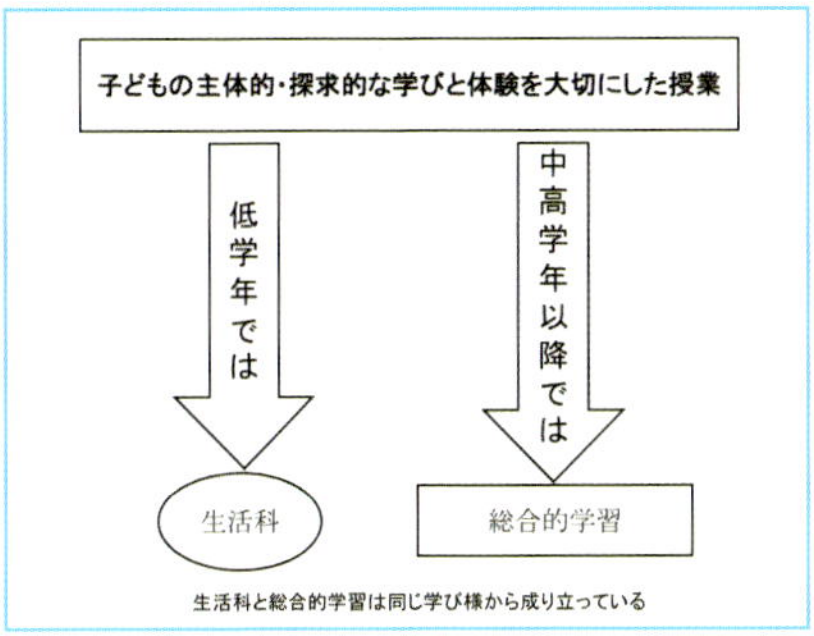

いし、みんな並んでいるからと尻込みしているのです。そんな子たちが現れるようになったあたりで、人数分のけん玉を教室に用意しました。するとそれまで見ているだけだった子どももけん玉を手に取るようになりました。

## 誰か同じようなことをやっている人はいないかな？

こうしてけん玉が教室に流行り始めたのですが、この後どうすればいいのか、わたしの中できちんと整理されていませんでした。そこで、これまでに手労研で行われた「遊びこむ」実践を探してみました。目にとまったのは、大阪で小学校の教師として、遊びやものづくりで子どもたちの生活をつくっていく実践を重ねてきた名和秀幸さんの実践記録でした。

「日常生活の中、自分のため、ひとのため、自分たちの生活の中で、役にたつ自分の仕事が、いっぱいあるくらしと、様々な遊びがいっぱいあるくらしを保障することが、現代の子ども達にとって、必要だと考えています。」

実践記録から名和さんは子どもの日常生活の中に自身が認められるようになり、周りの人にも認められるような仕事と遊びを位置づけた学級づくりを行っていたことがわかりました。名和さんも教室でけん玉をとりあげていました。

「クラスの集団が、けん玉に夢中になる、そのために、基礎的な大皿で、充分時間をかけ、全員できるんだと自信をつける。そして、あとは個人の練習にしたわけです。」

名和さんの取り組みから「遊びがいっぱいあるくらしを保障する」ために必要な手立てが見えてきました。

## 楽しさの追求のための遊びって？

名和さんは学級通信の中でけん玉について、子どもが書いた作文を取り上げていました。わたしはそれを読んで、子どもたちが周りの子どもたちと比べながら自身を評価しつつ、自分の成長に気付いていることを学びました。それは、子どもが考えている遊びは、失敗も成功も等しく子どもたちにとって大切なものだということです。そこで、子どもの遊びから、失敗も成功も安心して表に出すことのできる集団づくりを行うことができるのではないかと考えるようになりました。

「本来、遊びというものは、楽しさの追求であるにもかかわらず、子どもは、次つぎに新しい困難を克服（新しい技術、技能を身につけるための必死の努力）しないことには、満足しないものです。」

名和さんは、「遊びは楽しさの追求である」という点と、「子どもたちは楽しいだけでは満足できない」というふたつを遊びの大切さとしてあげています。わたしは、そのことを踏まえて、子どもたちの感想をもう一度見直してみました。

「まえは、ぎりぎりで10位だったけどこんどはぎりぎりでだめでした。でも、50回いじょうだったからよかった。ぼくは、どきどきしました。わらおうと思ってもわらえませんでした。」

この感想から「失敗した」「緊張した」という思いと、「その思いがあったからこその喜び」を読み取ることができます。わたしは子どもの感想から見える失敗や成功といった括りでは測れないある種のコンテキストは、分けて考えるものではないと考えました。このコンテキストがあったからこそ、困難や必死の努力、友達との競争も子どもたちにとって遊びになり、名和先生の言う「楽しさの追求」が学級全体に広がり、けん玉に夢中になっていったのではないでしょうか。

## けん玉を教えることが必要

こうして、これまでの手労研の取り組みから、わたしは子どもたちが遊びこむために「初めに全員が大皿に乗せることをできるようにする」「けんだま大会を開く」の二つを行うことにしました。

けん玉が流行りだした頃、そのまま放っておくのではなく、子どもたちに「けん玉」と「大皿」の二つだけ呼び方を教えて、大皿にのせるという遊び方を見せました。そして、全員にけん玉が大皿にのせることができるように、取り組みの時間を設けました。上手くのらない子には、後ろから手を取り大皿にのせる感覚を掴ませるようにしました。大皿にのせる感覚を掴むと、できなかった子どもが「なるほど！」といった顔をします。その前と後では、子どもたちのフォームが大きく変わり、腕の動きが少なくなり、膝を使って球を救い上げることができるようになりました。

## ここなんて言うの？

教室には、けん玉の絵で大皿の名前だけわかるようにした掲示物を貼っておきました。子どもたちはすぐにそれに気が付きました。それに毎朝、ひとつずつ新しい部分の名前を書いていきました。すると、けん玉の名称を知ることが子どもたちの楽しみになっていきました。わたしが忘れていると「先生めくってよ！」とあちこちから要求の声があがります。新しい名称がわかると子どもたちは「中皿にのせるよ」と、すぐに知ったばかりの言葉を使っていました。名称を知ることで、子どもたちのけん玉への意欲を高めていくことができました。

## けん玉大会からミニけん玉大会へ

全員が大皿にのせることができるようになったところで、けん玉大皿大会を開催しました。「一発勝負」「連続何回のせることができるか」を発表します。挑戦する際には、朝のスピーチで使う手作りのステージにのって行います。ステージにのることで、特別な雰囲気ができます。わたしは、子どもが緊張する中で発表する状況をつくりたかったのです。子どもたちは緊張した面持ちで大会に臨み、友だちの失敗と成功に一喜一憂していました。ひとりの挑戦を見守る中でクラス

「けん玉マスター大会」に出場している様子

の一体感が、子どもたちの中に生まれました。その後、休み時間には自分たちでミニけん玉大会を開いていました。また、日直が朝のスピーチの時にマイク代わりにけん玉を持ち、そのまま技を披露するようにしていました。

## けん玉の技に認定証を発行

わたしは子どもたちが技を身に着けたことを称えてあげようと思い、認定証を発行しました。みんなの前で技を成功させると認定証がもらえるのです。初めて認定証を発行した翌日から、日直が来るのを指折り数えて待つ子が増えました。認定証が欲しいからけん玉大会を開いて下さいとわたしに直訴してくることもありました。

けん玉マスター認定証

## 子どもの姿から学びを読み解く

遊びや学びを見ていくとき、ひとりひとりの子どもの様子を丁寧にみていくことが必要だということをわたしは手労研で学びました。ここではAについてみていきます。Aは「ぼくやりたくない。」と初めからけん玉に触ろうともしませんでした。Aは自信がないことに加えて、少しあまのじゃくなところがありました。Aはしばらくすると、わたしのところにきて、できないことをアピールしてきたので、後ろから手を取り大皿にのせる感覚を掴ませてあげました。手伝ってもらっていたとはいえ、大皿にのったことからAの様子が変わり始めました。その後、練習している姿をたびたび目にするようになりました。そしてあくる日、日直だったAは、スピーチの後にけん玉の技を披露しました。みんなが見守る中、結果は失敗。終わった瞬間、「ぼくは、けん玉嫌いだから」と呟いていました。わたしはその時、今を逃すとAがけん玉を手にすることはなくなってしまうと思い、Aになぜ発表しようと思ったのか聞いてみました。するとAは、わからないと首を横に振りました。ここはもうひと押しと感じました。こういう時はクラスの子どもの力を借ります。他の子たちに、「Aはあんなに嫌がっていたのに、今日やってみようと思ったのはなぜだろう」と尋ねてみました。子どもたちの多くはAがけん玉の練習をしていたのを知っています。Aが頑張って、できるようになったから、みんなの前でやってみせたかったんじゃないか、とAの努力を認める発言が相次いで出ました。それについてAは「違う」と言っていましたが、自分の努力を他の子たちが見ていてくれたことについてはうれしそうにしていました。

## けん玉が子どもの関係を変える

わたしは、Aが発表しようと思ったのは前日に行ったけん玉大会の時に「自分でできた」と言っていたことが関係していると思っていました。そこで彼にもう一度たずねてみると、「だって昨日は三回ものせられたんだもん」と答えました。わたしは、「それで発表しようと思ったのか。それはすごいことだよ。」と返しました。お母さんが大好きなAに「そのことを絵日記に書いて、お母さんに教えてあげたら喜ぶんじゃない?」というと、ニヤッと笑い、普段なかなか書かない絵日記を一生懸命書いていました。絵日記を書いている途中にもけん玉の練習をしていました。その時のった一回も加えて、四回できたと書いていました。

Aはその後もけん玉をつづけ、「〇回のった」と教えに来てくれるようになりました。そのうち、Aは友だちとのトラブルがだいぶ減り、周りの子どもにやさしくなりました。これまではある特定の子どもとだけ遊ぶことが多かったのですが、けん玉ができるようになってから、いろいろな子どもたちと関わるようになってきました。

## なかなか上手くなれない

Bは壊れたけん玉を転がして遊んだり、自分がくるくる回りながら、けん玉の玉を転がして他の子にジャンプさせたりなど、技に挑戦するのではなくけん玉を使って自分にできる遊びをしていました。けん玉を振り回して危ないなと感じることもありました。よく見ていると、Bのけん玉の扱い方から、自分の気持ちを上手く扱えないで困っている様子を読み取ることができました。ある時、そんなBを見ていてふと、わたしは、Bにとってけん玉を振り回すことも投げることも、Bができるけん玉遊びではないだろうかと考えるようになりました。「けん玉遊びは定められた技を獲得することだ」というのは、わたしの思い込みではないかと反省するようになりました。乱暴に見えても、Bにとっては、現在できる数少ないけん玉遊びのひとつだと見方を変えることができました。そして、Bの遊びを見ていくと徐々に遊び方が変化していく様子がみられました。「けん玉を投げる」から、「けん玉を振り回す」へ、そして、「けん玉を転がすことを経て、自分が回りながらけん玉を転がし続ける」という遊びになっていきました。ついに「転がるけん玉」を人に跳んでもらうという人との関わりが生まれ、他の子どもと一緒に遊ぶことができるようになっていたのです。Bにできる遊びが変化していき、他の子どもがそれに参加するようになると、Bの中に自信が生まれてきました。子どもの活動を読み解くときには、その行動を大きなまとまりとして見ていく必要があると考えるようになりました。

## けん玉に夢中になる子どもの姿から学ぶ

本実践において、様々な手だてを行い、子どもたちがけん玉を遊びこむよう取り組んできました。自分にできる技があるということが子どもたちにとって自信となり、朝のチャレンジは徐々に挑戦するという子が増えました。「膝を使うんだ」などの技に関するつぶやきや、「〜はうまくいくだろうな。（挑戦に成功してカードがもらえるだろうの意)」等のお互いの実力を把握した上でのつぶやきもみられるようになりました。これまで人前にでることを嫌がっていた子がみんなの前でけん玉の技に挑戦したりなど、遊びに夢中になる姿が徐々に広がっていると言えるでしょう。学級以外でも、家で家族に認定証を見せたり、けん玉の技を教わったりしたという子も出てきたため、子どもたちの日常生活の中にけん玉が位置づいている様子が見られました。これらの様子から日常的にけん玉ができる環境を整えたことをはじめ、様々な手だてを行ったことで、けん玉が学級の中だけの限定された遊びから徐々に変化していったと言えるでしょう。

またAの例から、彼がけん玉に挑戦し失敗した際に、教師がそれまでの彼の取り組みを知っていたことで、なぜ挑戦したのかと問い、彼の言葉を引き出すことができました。行動の裏にある思いを汲み取り、価値づけることは、Aのような子にとって有効だったと考えられます。そして実践を行ったことで、子どもたちの遊びが学校から家庭へと広がっていった様子が見られたことも子どもたちが遊びこむ姿の一つだと考えます。

今回の実践では、子どもたちの成果やつぶやきに対し「なにをしたの?」とやったことを問うようにしました。その反応について、価値づけたり、新たな疑問を投げかけたりすることで、子どもの気付きを一層質の高いものにできました。一人ひとりのつぶやきに対してどのように「返し」ていくかが遊びを学びへとつなげていく上で重要な役割を果たしていました。こうした一つひとつの「返し」から生まれる気付きが子どもたちの中に積み重なることで、遊びから学びへの架橋になったと考えます。名和さんの実践の中で述べられていた、生活の中での日々の積み重ねの大切さは、今回の遊びから学びへとつなげていく実践において同じように大切にしていかなければならないものであることがわかりました。教師と子どもとの関係をつくりあげていくことと同じように、日々の積み重ねが遊びの授業づくりにおいて大切なことだといえるのではないでしょうか。

(新谷祐貴)

## 第2節　「お米」をテーマに総合的学習を広げる

### ～わらを使ったリース作りにたどり着き、学習発表会に至るまで～

### 総合的学習は、何をしようか？

多くの公立小学校では、学年ごとに総合的学習で取り組む内容が決まっています。私が勤務する小学校でも学年ごとに「決められた」テーマに沿って学習を進めていました。私が移動した学校は、全校児童が60人程度の小規模校でした。私は5年生の男子4名、女子7名、合わせて11名の担任になりました。5年生の総合的学習の年間指導計画では、テーマが「お米」とされていました。どのような取り組みをしたらいいのか?を子どもとともに考え、どう取り組んでいったかを紹介します。

### テーマを決定しよう

始めに、子どもとともに総合的学習に向かうテーマを決めようと思いました。前年度までの取り組みを調べてみると、5年生を中心とした学校行事に全校での田植えと稲刈りがあります。この行事を支えるとともに、「世界の米料理」、「お米の育て方」、「お米の種類」のように、本やインターネットで米について、自分が興味のあることを調べ、模造紙にまとめて学習発表会で発表する形式にまとめられていました。

### 子どもの実態は？

児童の多くは三世代での同居が多く、祖父母の代はほとんどが農業に従事しているという家庭が多い地域です。なので、クラスの子どもの多くは、自分の家で田畑を所有しています。田植機やトラクター、コンバインなど普通なら教科書でしか見ることがない農機具を当たり前のように見ています。子どもたちは田植えなどの農作業の経験も豊富でした。

## 学校の事情、子どもの実態をふまえて

前年度までの5年生の取り組みや学校行事、地域や子どもの実態をもとに、３つの視点から総合的学習のテーマを考えてみました。

１つ目は前年度までの5年生の取り組みの見直しです。これまでの5年生はお米について興味のあることを調べ、模造紙などにまとめていました。調べたことをまとめられるようになることはとても大事なことですが、過去何年も同じ取り組みをしていたことや調べるために使っていた資料は図書室の本に限られていたことに疑問を感じました。図書室には数多くのお米に関する本があります。この本から調べたことをまとめていたのですが、調べる範囲が限られているため、調べる内容が似てくるのではと思いました。現に、子どもに聞いてみると、発表内容は毎年同じだということでした。これでは、せっかく興味をもって調べても、子どもの豊かな学びになっていないのではと思いました。

２つ目は子どもの実態から見直しました。クラスの子どもの多くは、家で田植えや稲刈りの手伝いをしていました。そのような状態の子どもに、本を使ってお米の育て方を調べていく必然性があるのだろうかと感じました。子どもたちが普段何気なくやっている稲作の手伝いを見直すことで、事実を通して学ぶことができると思いました。

３つ目は全校田植え・全校稲刈りの見直しです。刈り取ったお米は、地域の方に協力してもらい脱穀をして、近くにある無人精米所で精米します。そして、最後は全校の一人一人に配ります。できれば、私は収穫したお米を5年生の総合的学習の中で活用したいと思いました。

今年度の5年生の総合的学習は、大枠は「お米」のままとして、内容を今までと違ったものにしたいと思いました。そこで、２つの目標をたてました。１つは、普段から農業が身近な子どもたちも知らなかったお米のすばらしさを伝

えることです。もう1つは、そのために全校で取り組み収穫したお米を活用するということです。さらに、米だけではなくわらも教材にならないだろうかと思いました。

## 「わら」を使ってみたい

稲はお米が収穫できるだけでなく、収穫したあとに残るわらも副産物として古くから重宝されてきました。現在でも、燃料や家畜の飼料として、またわら細工などの工芸品などたくさん使われています。私はクラスの子どもたちにお米だけではなく、わらにまで目を向けてほしいと思いました。ただ、わらを使う体験をするだけはなく、わら細工などを作る上での苦労や、作る技術の高さなどにも目を向けてほしいと考えました。

そこで、全校稲刈りで刈り取ったわらを使って、子どもたち自身がわら細工作りを体験し、感じたことや思ったことをまとめて発表していくのはどうか。このやり方なら、まとめたことを発表するという方法は同じでも、違った内容になり、子どもの学びが違ったものになると思いました。そのようなことを、子どもの顔を思い浮かべながら練っていくのはとても楽しい時間です。しかし、私がやりたいことを私の口から子どもに言ってやらせてしまっては総合的学習になりません。子どもたち自身が主体的に学ばなければ、取り組む価値がなくなってしまいます。そこで、どうやって子どもから、「わら」という言葉を引き出そうかということを考えるようになりました。

## 子どもから「わら」という言葉を引き出す

私は5年生の総合的学習の始めに、今年も「お米」をテーマに学習をしていくけど、昨年度までとは違ったものにしようという話をしました。すると子どもの中から、今まで発表してきたことは行わないで新しいことをやっていこうという意見が出てきました。そして、子どもたちが「お米」からイメージした言葉で、今までの発表になかったものを探っていくと「わら」にたどり着いたのです。

今回、思い切って教材の決定を子どもと考えてみました。私にとっては、冒険でしたが、教師の学ばせたいことと子どもの学びたいという思いをお互いが出し合うことが大事だと思うようになりました。そこでは、うまく合わせていくために、教師が子どもに学ばせたいことをはっきりさせておく必要があると思いました。はっきりさせるために、教師自身が前もって調べておいたり、単元全体の構想を練ったりしました。子どもとのやりとりの中で、教材を決定していくのは、今後の方向性を大きく左右するので、緊張感のある時間でした。子どもに語りかける時には、常に子どもの願いをくみ取ることを意識するようにしました。

## 「わら」から「わら細工へ」

私は子どもと話し合って「わら」を素材にしようと考えていた裏で、実際に活動に早く取りかかれるように以下のように考え行動していました。

実は、子どもから「わら」という言葉は出てくるだろうと予想していました。私はその後の学習をどうしていくのかについて考えていました。私にはわらを使ってわら細工作りをしたいという思いがありましたが、私自身がわら細工を作ったことがほとんどありません。わら細工作りをするためには、指導してくださる方が必要です。まずはインターネットを使ってわら細工体験ができないかを調べました。検索すると、工房や体験教室に関する記事がたくさん出てきます。昔から農業に従事している方々が多い地域なので、地域の方々にも実際にわら細工作りをできる方がいるのではと考えました。もし地域にいなければ、自分が体験教室などに行ってわら細工を一度作ってみようと考えました。そこで地域の方に聞いてみると、近所にわら細工の工房を開いている方がおられることがわかりました。相談してみると、わら細工作りの講師を引き受けて下さるとのことでした。あとは、９月に稲刈りをした後に、昨年度までは捨てていたわらを取っておけば、わら細工作りが実施できるというところまで水面下の準備が整いました。

## 「わら細工」はいつ出てくる?

こうして、わら細工作りの準備は整いましたが、この時点ではわら細工作りをしようという声はだれからも出ていません。この声も子どもの方から出てほしいと思っていました。私は、子どもが図書室の本を調べる前に、わらについて書かれている本がどれほどあるか、書かれている内容はどのようなものかを調べておきました。本の中には、わらの歴史からわら細工についてまで書かれているものが多くありました。「わら」について調べる子どもは、きっとこの本にたどり着くだろうと予想しました。本の中にはわら細工の作り方も書かれていたので、実際にわら細工を作りたいという声も子どもの方から出てくると思いました。

## 普段の学級での活動が活きる

私の学級ではよく学活の時間や、すき間の時間を使ってものづくりを行っています。ものをつくるためには、多くのことを考え、先人の知恵を参考にして、他者と協力することが必要になります。ものをつくるだけで、大切なことを学ぶことができます。そうした経験から、子どもはわら細工づくりに関心をもってくれるだろうと思いました。

子どもたちは、わらについて調べていくうちに、わら細工に関心を示してくれました。全員が関心をもったというわけではありませんが、私の予想通りでした。私が学ばせたいことと、子どもの思いが重なった瞬間です。そこで初めて、「実は、みんながそう言うと思って、わら細工作りの先生に来てもらうようにお願いしているよ。」と子どもに話しました。私はこの瞬間がたまらなく嬉しいのです。

もし、子どもから教師の意図する発言や行動が出なかったら、どうするのかと思う方があるでしょう。その時は、また違ったアプローチの仕方で子どもに迫ります。肝心なことは、目の前の子どもの状況を見て判断することです。

## わら細工作りを体験しよう

いよいよ、わら細工を体験する日がきました。どんなものを作るのか、子どもたちにできるのか、私も子どももドキドキする中で、体験は始まりました。今回は講師の先生のすすめで、わらでリースを作ることになりました。わら細工作りの体験は、全て講師の先生にお任せしました。子どもたちは、職人の熟練の技のすごさを肌で感じたようで、食い入るように見ていました。子どもたちからは、これから自分たちが同じものをつくるという期待と、同じように作ることができるのだろうかという緊張感が見て取れました。

初めての体験、初めて知る言葉や技に子どもたちは悪戦苦闘しました。特に2束を別々にねじりつつ、それを1つに絡めていくという作業に苦戦していました。自分の足でわらを押さえながら、両手は別の動きをするという同時にたくさんの作業をするということが大変なようです。大変な作業となると、自然と友だちと協力をして困難を乗りこえていました。クラスには器用な子、不器用な子、作業が遅い子、集中の続かない子と様々いますが、そのような子どもたちが、わら細工づくりを協力しながら行っていました。その様子を見ると「あの子はこんなことができるんだ」と子ども同士も教師も改めて見直すようになりました。それは、今回のわら細工づくりが冒険とはいえ、本物であったからだと思います。私がちょっと学んで子どもに伝えるのでは

わらをたたいてやわらかくしよう

いらない部分を切って完成！

なく、職人さんの本物の技に触れたからこそ、子どもたちの関心が増し、共同作業する必要性が生まれたのだと思います。総合的学習で行う活動は本物であることが大切だと思いました。

## 学習発表会はどうする？

わら細工作りを終えて、子どもたちと学習発表会の発表内容について話し合いました。私は、わら細工作りを参観者に体験してもらい、子どもたちが学んできたことを伝えてほしいと思いました。話し合いが始まると、子どもからは去年までと同じで、調べてきたことやわら細工体験について模造紙にまとめて発表したいという声が多く出てきました。子どもたちの中には「学習発表会＝調べたことを模造紙にまとめて発表すること」という図式ができあがっていました。これまでの自分達の発表も他の学年の発表もその図式しかなかったのですから、子どもが違う方法を見出せないのは当然です。子どもの中にないものは教師が提示すればいいと思います。私はこうした時に提示する言葉が大事ではないかと思います。教師が「実際に参観者に作ってもらおう。」と言ってしまうとダメだと思いました。そこで私は、「学習発表会で、お客さん（参観者）に実際に作ってもらうのだって、アリだよ」と子どもたちに声をかけました。わら細工づくりは、楽しいだけではなく様々なことがわかった活動だということは子どもたち自身が体験して知っています。学習発表会で参観者にわら細工を体験をしてもらうことに決まりました。

## どんな発表にしよう

学習発表会での発表内容が決まりました。私は何をしていくかは子どもたちに話し合って決めてほしいと伝えました。私も様々なアイディアはありましたが、この段階ではまだ子どもに言わないことにしました。

子どもは話し合いをした結果、もう一度リース作りを行うことになりました。前回は講師の先生の支援や周りの友だちの手助けがあったから作ることができました。子どもたちは、今度は自分の力だけでリースを作れるようになりたいと思ったのです。自分が作れないものの作り方を他の人に教えることはできないと考えたからです。また、作るところを写真に撮って、作り方の説明書を作りたいと言い出す子どももいました。どうすれば、参観者にリース作りをわかりやすく教えることができるのかを考えた結果です。

二度目のリース作りが始まった時点で、作り方を忘れている子どもがいました。私は口を出さずに様子を見ていました。すると、何人かの子どもが手を取って、作り方を教えてあげていました。子ども同士で声をかけ合い、作り方の順番を確認しながら作業していることもわかりました。子ども同士の中で学び合いが生まれていく、ものづくりのすばらしいところです。子どもの話に耳を傾けると、「ここが難しいんだよね。」「こうやったら、うまくできるよ。」「ここは二人でやらないと大変だよね。」という声が聞こえてきます。しっかりと、初めてリースを作る人の立場になって作業の手順を確認していることに驚きました。全員でもう一度リースを作ると、前回よりも早くきれいなリースを作ることができました。ものづくりは何回もやることが大事だとよく言われますが、その通りだと改めて感じました。何度もやることで、難しいところが明確になったり、その難しさを克服する方法を見つけられたりします。とにかく、全員が自分の力で、リースを作ることができるようになりました。

確か、こうするんだったね

## 子どもとの対話で問題点をはっきりさせよう

私は、参観者にリース作りをゼロから体験してもらうのは、学習発表会の中では厳しいだろうと考えていました。時間に限りがあるので、体験してもらうことが出来たとしても、完成まで行き着かないかもしれません。やはり、ものを作るからには誰だって完成させたいと思います。時間がなくなったのでそこでおしまい！　では、ものづくりのすばらしさはもちろん伝えられません。子どもたちがテーマにしている「お米」のすばらしさだって伝える事はできないと思いました。しかし、子どもたちは、自分たちがやったことをそのまま参観者にもやってもらう気でした。私は子どもたち自身に気づいてほしいと思い、一つ一つ問いかけることにしました。まずは、リース1つを作るのにどれくらいの時間がかかったのかということです。次に、学習発表会での発表時間についてです。参観者はどのような人が来るのかも聞きました。子どもたちは、私からの一つ一つの問いかけに答えてくれました。1つのリースを作るのには、30分ほどかかったということ、でも、何個も作るうちに早く作れるようになったこと。学習発表会は前半と後半に分かれていて、それぞれ50分ほどであること。参観者は幼稚園児から年配の方まで幅広く来ること。答えていくうちに、私が伝えたいことに気づいた子どもが話し始めます。それはリース作りをゼロから体験してもらうのは時間的にも技術的にも無理なのではという声です。一人が気付けば、他の子どもも次々と発言していきます。参観時間は50分しかない中、他の学年の発表もあるのに、30分も5年生の発表に来てくれるのか。5年生でも1回目は自分1人で作れなかったものを小学1年生が上手に作ることができるのか。問題点がどんどん出てきました。そこでまた話し合いのスタートです。子どもたちが話し合った結果、学年や大人など、相手によって体験を選べるようにしました。リースを作ることができない低学年の児童には、飾り付けだけでもしてほしいということで、松ぼっくりやモールをつけてもらうことにしました。ボンドではすぐにつかないので、以前学級のものづくりで使用したグルーガンを使うことにしました。子どもからグルーガンという声は出てこなかったので、ここは私から提示しました。

## イメージをはっきりさせるために……

当日の発表がイメージできなければ、準備をすることもできません。私は、一度他の学年の子どもを参観者として、プレ学習発表会を行おうと考えました。プレ学習発表会で成果と課題を見つけて、本番までに課題をクリアしようと思いました。参観者役の6年生からは様々な意見が出ました。教室の動線、人の配置の仕方など、自分達では見えなかった問題点が次々と出てきました。プレ学習発表会をやらないで、私が問題点を指摘してもいいのですが、先生から言われるより、同じ子ども同士の注意はより効果が高いと思います。また、褒められることについても同じだと思います。子どもたちは良い部分についても、6年生からたくさん言ってもらえて、自信もついたようでした。

## 自分で考えて行動する!

プレ学習発表会を終えて、いよいよ学習発表会本番が迫ってきました。昨年までは、模造紙に調べたことをまとめ、原稿を書き上げたら、それをひたすら読む練習!　それが学習発表会の準備でした。しかし、今年は昨年度までと違って、原稿はありません。原稿がないかわりに、リース作りで使うためのわらの準備で大忙しです。子どもの予想では、100人は来るという予想です。つまり、100セット準備をしなければなりません。大変な数ですが、作業をしている子どもたちの顔はなんだか楽しそうでした。きっと、当日の参観者の喜ぶ顔が浮かんでいるのでしょう。プレ学習発表会で問題点を修正し、当日の見通しも立ちました。今の自分たちのやるべきことがはっきりしているので、全員が集中して取り組む姿がありました。

## 学習発表会本番!　でも予定通りには行かない!

学習発表会が始まりました。私は、危険なことなどがない限り口や手を出さずに見守ろうと決めていました。最初の10人が集まったので、子どもたちは予定通り掲示物を使って作り方を説明するところからスタートしました。説明は順調に進んでいきましたが、教室の外では子どもの想定外のことが起きていました。子どもの想像よりも多くの参観者が

5年生教室に来ていたのです。また、流れをわかっていない参観者が勝手に教室に入ってきたり、話を聞かずに勝手に作り出してしまったりという事態も発生していました。なんとか説明を終えて、体験を始めてみると、参観者一人一人の作業の進度にばらつきがあることもわかりました。私は子どもを呼んで、どうするかみんなで相談するように声かけをするとともに、予定を変えて行っても大丈夫だということを伝えました。私は、教師が答えを教えてあげるのは簡単ですが、そこを子どもたちで考えてほしいと思いました。

子どもたちは短い時間の中で考えた結果、最初に掲示物をつかった作り方の説明をやめました。次に参観者の作業進度に差があったことから、作り終わったところから順番に、次の参観者に体験をしてもらう形に変更しました。

発表の形式を変えたことで、参観者の流れはスムーズになりました。子どもたちは、参観者一人に一人がついてリースの作り方を説明しました。説明の仕方もただ言葉で言うだけでなく、見本を示したり、手をとってあげたり、逆にきれいに作ることができている参観者には上手にほめたりと相手に合わせて対応する姿がありました。装飾のコーナーに一人がついて、装飾だけを行う低学年の児童にも優しくアドバイスしていました。

発表が予定通りに行かないことで、子どもたちは常にバタバタと動いていました。子どもたちはその時その時で、状況に応じて自分で判断して行動していました。

## 発表を終えて

子どもの感想を紹介します。

> 私は「お米」の学習をして、お米は大切な存在だと気づきました。お米はわらもいろいろなことに使えます。そのわらが今でも役立っていることに気づくことができました。

今回の学習で「お米」の全てを学習できたわけではありません。ですが今まで目を向けてこなかったわらに焦点を当てることで子どもの中に新たな「米」に対する見方や考え方が芽生えたのも事実です。わら細工体験・リース作りが子どもの生活にどう影響し、生活を豊かにしたのか？　は、はっきりと見えてはきません。しかし、自分たちの体験を参観者にもしてもらうという新たな発表形式を行うことで、違う方法でもできるという自信をつけることができました。

## 1つのものづくりでも

今回の学習では「お米」を大きなテーマにして、その中でもわらに目を向けて学習を進めてきました。また、わらについて調べて終わるのではなく、実際にわら細工を作るというものづくりを学習の中心にして取り組んできました。

子どもたちは、わらのリースという1つのものづくりを行っただけですが、1つのものづくりを通して様々なことを学んできました。わら細工作りの職人の技術のすごさや、その技術を他者に伝えるにはどうすればよいのか、見やすい掲示物の作り方や言葉がけの仕方、体験を行う教室の作り方、などなど様々なことを考え、それらが組み合わさって1つの総合的学習の時間となりました。昨年度までと同じ方法で学習を進めていたら、きっとこのような学びは生まれてこなかったでしょう。作ったものはたった1つでも、子どもの学びは1つではないことがわかりました。

こうやってやるんだよ

多くの学校では、すでに学年ごとに総合的学習のテーマは決まっており、先生方は昨年度と同じようにやってしまいがちです。それでは先生にとっても子どもにとっても中身のない学習になってしまうと思います。たとえ大きなテーマを変えることはできなくても、やる内容を変えることはできます。それを子どもと共に作ることができたら、総合的学習の時間は、実に魅力的で面白い学習になります。

（西山裕二）

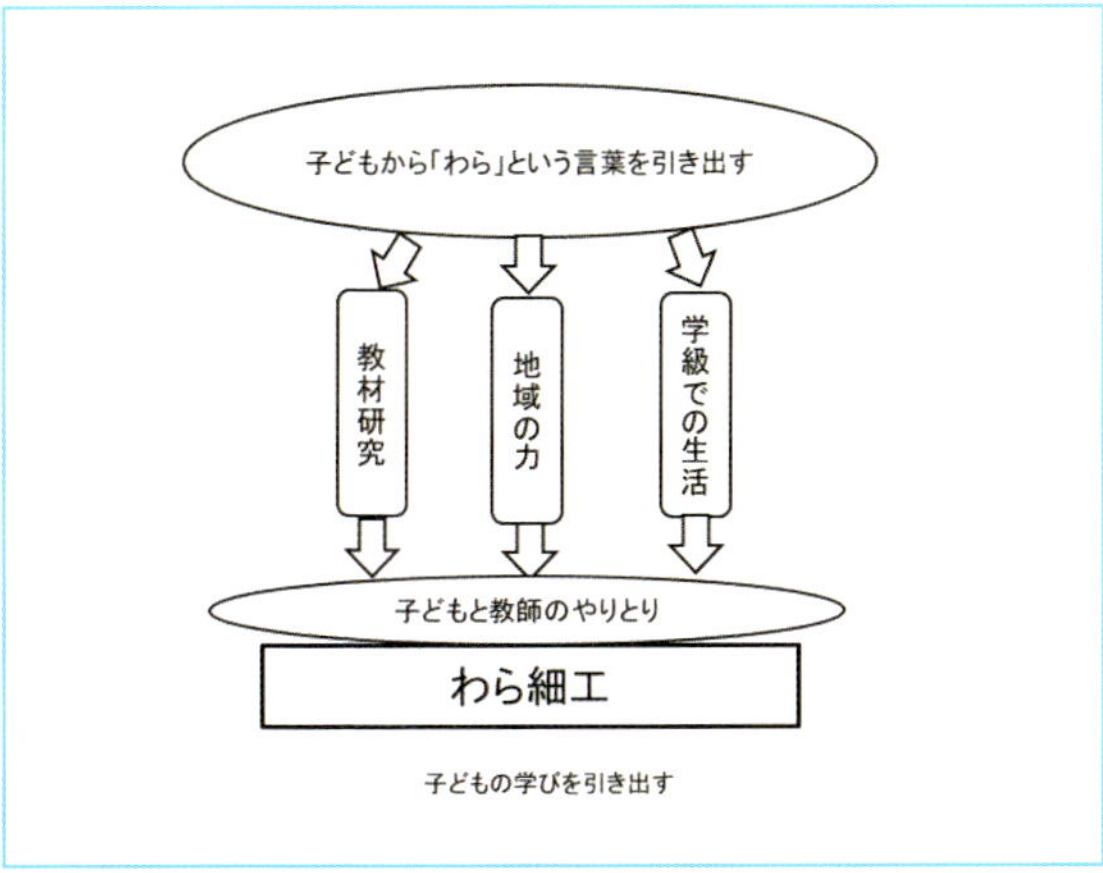

## 第3節　こだわりをもって総合的学習の授業をつくる

### ～「1からのカレーづくり」を通して～

#### 総合的学習の授業を作る際のこだわり

私の勤務する成蹊小学校（私学）では、〝こみち科〟という総合的学習のオリジナル教科があります。公立小学校の生活科や総合的学習の先行モデルとなった歴史もある教科であり、オリジナル教科です。〝こみち科〟を専科教員として担当する中で、こだわってきたことがあります。それは「身近なものを根源まで辿ったり、根源からものをつくってみる」ことです。

何事においても、「『身近なものを根源まで辿ったり、根源からものをつくってみる』と、様々な発見に出会い、そこから社会が見えてくる」ということがよくあります。こみち科での学習を通して、様々な発見に出会って欲しい、そこから社会にも目を向けて欲しいと願い授業を組んできました。それらの授業の一つである「1からのカレーづくり」を紹介しつつ、こだわってきた学びを伝えたいと思います。

#### カレーって一体なんだ？

「食」は子どもたちにとってとても身近な題材です。子どもたちに「昨日の夕ご飯は何食べた？」と質問すると、すぐに答えが出てくる子は少ないです。子どもたちは、用意された食事を受動的に摂ることが多いためか、あまり意識して食事をしていないものと思います。自分達の体を作っていく食事であっても生活の中では意識されにくいものなのです。大人も同様なのかもしれません。私も昨日の給食はなんだったっけ？と考えてしまいます。

そのような「食」の中でも、カレーを学習の題材として選びました。なぜカレーなのか？ それは、カレーが子どもたちにとってとても身近な料理でありながらも、何から出来ているのか、どのように出来ているのか知っているようで、よく知らない料理だからです。

では、みなさんはカレーが何から出来ているか知っていますか？ 答えは……。授業の中でも子どもたちにはすぐには教えません。この時、子どもたちは、国語辞典や百科事典をすぐに開きにいきます。スマホ・タブレットも便利でいいのですが、味気ないのですよね。何だろう？ と考えるそんな時間も小学生の子どもたちには大切な時間です。市販のカレールーの裏に注目した子たちがいました。しかし、書かれている成分表にも一つ一つのスパイスが表示されているものは調べた限りでは見つからず、多くのものは、「カレースパイス」や「ガラムマサラ（主にインド料理で使われているミックススパイスのこと）」などと表示されていました。

一体、カレーとは何なんだ？ 何からルーが作られて、カレーの味が表現されているのか？ 子どもたちの調査が始まりました。カレーの根源に迫り、1から作っていくことで自分達の食生活を少し豊かにして、社会を見ていければと思い、カレーを教材として授業を組んでみました。

## 〝在来種（固定種）〟を栽培するこだわり

カレーが何から作られているのかを調べた後、材料の栽培を始めました。畑の土作りから始め、小麦を5年生の11月から、秋ウコン、コリアンダー、クミンシード、唐辛子の4種のスパイスとトマトを6年生の4月から栽培しました。6年生の9月に収穫しましたので、栽培活動に約10ヶ月かかりました（もちろん並行して、他の学習もしています。学年を跨いでの実践となっております）。

収穫後、乾燥させ、スパイス等は粉に加工しました。そして6年生の11月に調理実習でカレーを作りました。学習の中では、カレーの歴史やスパイスの歴史などにも触れてきました。

想定よりも少ない小麦の収穫量や収穫時期が早すぎたトマトなど、全てを1からということは実際には出来ませんでしたが、それでも可能な限り素材作りからの授業展開にはなったのではないかと捉えています。

栽培学習の中で植えた種は〝在来種（固定種）〟と言われる特別な種です。この〝在来種（固定種）〟にこだわって栽培を行いました。〝在来種（固定種）〟とは、いわば「昔から日本で育てられてきた普通の野菜の種」で、自家採種ができる特徴がある種のことです。

一般的に流通している種は、これらとは異なり、改良により1代限りの雑種（F1品種という種）であることが多いのです。1代限りの雑種は、野菜の成長が早く、形や大きさが揃いやすく、大量生産・大量消費に向いています。農薬に強い種として売られているものもあります。1代限りの種は、農家の仕事を減らし（収穫後に来年用の種の準備をしなくて良いなど）、収入を増やす（安定した形の良い野菜が出来やすい等）種であり、優等生な種です。しかし、2世代目を作ることができない種なのです。

多くの子どもが、流通している種が1代限りの種であることを知りませんでした。私も恥ずかしながら、少し前まで知りませんでした。野菜は生き物です。人間の都合に合わせて、種を付ける力まで削がれた野菜に対して、授業の中で違和感を抱いた子たちも少なくありませんでした。

〝在来種（固定種）〟での栽培というこだわりから、野菜の種への違和感に気がついたり、

左：収穫したウコン　右：在来種（固定種）の植え付け

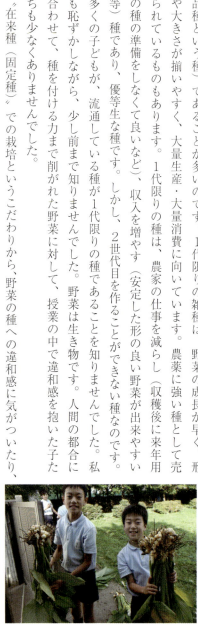

種を取り巻く社会に目を向けてきました。

## 子どもの気づきから学んだこと

学習を進める中で子どもたちの鋭い気づきから、私が学んだこともありました。栽培学習時に「先生、栽培しているのは在来種って言っていたけれど、コリアンダーはカタカナだしおかしいなと思って調べたんだよ。そうしたらコリアンダーは地中海原産だって書いてあるよ。日本には10世紀ごろには伝来していたようだって、先生、日本古来ではないじゃないですか?」と一人の子が指摘してきました。根源を辿っていく中で、自ら学びを広げた子の声です。そこから野菜の原産地や日本に入ってきた時期を調べてみました。歴史の中で野菜を見ていくと、たくさんの野菜が海外から伝えられて栽培を始めたことに気付きます。これも「根源まで辿っていく」という点に、こだわった結果から得た学びであります。このように学びは広がり、深まっていきました。

## 材料に加工し、カレーを作っていくこだわり

栽培し収穫した材料は、自らの手で加工し、調理していきました。小麦は、乾燥させた後、脱穀すると、初めに植えた時の小麦の種と同じになりました。その小麦を、ミルを使って全粒粉にしました。「小麦粉は小麦からできている」、当たり前に知っていることですが、茶色く硬い小麦の粒から白色の小麦粉ができる驚きは、やってみないと感じられません。この全粒粉（小麦粉）を使い、チャパティ（インドのカレーをつけて食べるパン。ナンのようなもの）を作りました。全粒粉と水、少々の塩で、

小麦を小麦粉に加工中

無発酵のパン、チャパティができます。さっき粉にしたばかりの小麦が、こねて伸ばして、焼くとパンへと変化する様は、子どもたちには刺激的であったようです。

小麦を製粉にする前に、小麦とは世界の〝食〟においてどのような役割がある食材であるのか？　日本での小麦文化や食料自給率にも目を向けてきました。小麦を加工することで作られる食品の多様性、世界で食されている小麦を知っていくことで、少し世界の台所における小麦の大切さが見えてきたように子どもたちは感じたと思います。ウコン、唐辛子、クミン、コリアンダーのスパイスも収穫後乾燥させました。

ウコンは、スライスし、干物かごで乾燥させました。白と黄色の混ざったウコンが乾燥していくごとに黄土色へと変化してきました。収穫した際は緑色であった唐辛子も乾燥させていくと赤く色づいていきました。食物を加工していくと見られる変化はとても面白いものです。

スパイスを加えている最中、「先生、どうしてカレーが茶色っぽいのか、わかったよ」や「カレーってこういうもの（スパイス）が入っていたんだね」という呟きがありました。子どもたちにとってこの時初めて、栽培してきたものとカレーが繋がった瞬間で

左から唐辛子、クミンシード、ウコン、コリアンダー、塩

収穫したばかりのウコンは、白い部分も多い

ウコン乾燥中

あったように思いました。食材を自らの手で加工することにこだわったからこそ繋がったものではないのかなと考えています。

## 子どもたちが「1からのカレーづくり」より得た学び

カレーを作るならば、カレールーを使った調理方法だけ知っていれば良いのかもしれません。カレールーを使えば、簡単にカレーが作れます。しかし、カレーを1からつくっていくことで、子どもたちは多様な学びを展開していきました。一体、子どもたちがどのようなことを学んできたのか、学びの最中に書いた日記や感想より探ってみました。

> 1代限りの種の学びは、少しショックでした。種屋さんと農家の方のことを考えると1代限りの種を使うことは仕方がないと思います。が、食べている私たちにとっては、何か影響がないのかなと思ったからです。何か影響はあるのですか？　先生知っていたら、授業ではわからないと言っていたけれど教えてください。ニュースでやっていた中国産野菜みたいに問題があるような気がしています。
> そんな野菜を食べていることに不安を感じますが、そんな種の野菜だということを知らずに私たちが食べていることにも、隠されている感じがして怖いです。

種の学びについては、多くの子が同じように驚きと大丈夫なの？　という漠然とし

ウコンを加えてみるとカレーが黄色に変化

すり鉢でスパイスを粉にする

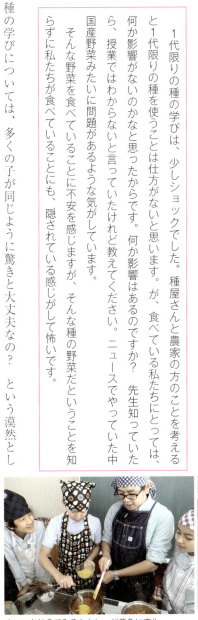

た疑問を抱いたようです。そして、知らなかったショックも大きくあったようです。
このように〝1代限りの種から収穫できた野菜〟ということを知らなかったことへの怖さを感じた子もいました。怖いように感じたのは、いつも口にしている野菜の〝種〟を通して社会を観ることができた結果であると考えます。

カレーを作ってみて、カレールーの中身が見えてきました。いろいろな材料が詰まっているとは知っていたけれどもスパイスがたくさん入っているからこその味だとわかったのです。また、スパイスには、味よりも香りづけのものなど種類によって役割があることも実感できました。全部辛くするためのものだと思っていたからです。いつも食べているカレーも、ひも解いていくと初めて知ることがたくさんです。1年間かけて学んできたこと、育てて作ったカレーの味は最高でした。

いつも食しているカレーの中身を栽培、収穫、調理をすることで、観てこられた学習内容です。カレールーの中身は、いわゆるブラックボックスです。前述でもあるように、カレールーはどのようなスパイスで作られているのか成分表を見てもガラムマサラとしか書かれていないこともあり、はっきりしません。今回の学習では、カレー作りに欠かせない主要なスパイスだけの栽培でしたが、手にして、嗅ぎ、粉にしていくことで解ってきたカレーの中身があったようです。
また、ただ知識として知ったのではなく、自らの手で作り上げていくことで学んだ知識は、子どもの中に深く刻まれたようです。この子は、後日に家庭でスパイスを購入し、作ったとのことでした。同様にスパイスからカレーを作ったという子が何人もいたようです。もちろん家庭では、家族にスパイスの説明会が行われたとのことでした。学んだ知識は実践してみていきる知識なのかもしれません。

こみちの授業で初めて「1からカレーを作ろう」と山本先生が言った時は、何をするのかわからなかったけれど、何だかワクワクしました。（こみちは、いつも楽しいですが）

小麦を育て、スパイスを育て、カレーの歴史なども学びました。コリアンダーの葉っぱがパクチーだと知ってびっくりしました。畑で食べてみて「うぇっ」となりました。同じ味かなと思ってコリアンダーの実を食べてみたら、香りと少しの苦みしかなかったです。葉と実では味が違うのだと知りました。ウコンは乾燥させると、どんどん臭く、黄色くなっていきました。クミンシードは、インドではザラメと混ぜてお口直しにすると聞いて食べました。とてもスーとしてびっくりしました。

チャパティは、小麦を粉にして、こねて塊にして、伸ばして平たくし、グリルで焼くと大きく膨らむことで作りました。はじめの小麦の様子からどんどん変化していく様子にびっくりと楽しいの連続でした。（友達と食べている様子の文章は省略）

はじめは、どうなるのかなんだかわからない感じで始まりましたが、どんどん育っていって今日カレーができてよかったです。カレーにしてみると、カレーがどのようにできているのかよくわかりました。

こみちは、なんでも作っていくことで学んでいます。作っていくと、出来上がったもののことがよくわかります。

体験してきたことが、知識となっていることがみてとれます。どのように変化し、加工していくのか、大まかには子どもたちには伝えてきました。その上で体験してきたのですが、この子の文章からは、やってみることで「やっと解った」と知識の定着を価値付けているように感じます。

1からのカレー作りに限らず、子どもたちは学びの中で、色々な発見をします。本当に発見センスの豊かさには、いつも驚かされてばかりいます。そして、体験を通して得た発見は、学びとなっているようです。

子どもたちは1からのカレー作りを通して、探求の仕方、ものの学び方の一つの方法を得ていたものと思います。カレーを学びつつ、学び方を得てきたものと考えます。

それは、カレー作りと平行して学習していた卒業研究（小学生なりの卒業論文：自分なりのテーマを決めて自分で新たな発見をし、まとめていく学習）で垣間見えました。根源からテーマに迫っていくように学ぶ子どもたちの姿が多く見られました。また、カレーから社会を見てきたことから生まれた疑問（我が家の食料自給率、牛肉の産地による違いなど）をテーマにする子がいました。

## 「身近なものを根源まで辿ったり、根源からものをつくってみる」ことにこだわって

子どもたちと「身近なものを根源まで辿ったり、根源からものをつくってみる」こだわりをもって「1からのカレーづくり」に取り組んできました。そのことで、少しでも自分たちが生きている世界を正しく認識する力をつけることはできないか、社会の中で生きている自分を豊かにしていける力を獲得していくことはできないか、と考えこだわってきました。

学習終了後に子どもたちの書いた日記や感想をみていくと、「今までカレールーからカレーを作ったことがあったけれど、1からカレーを作ってカレーの中身がよくわかった。」「本当においしくできるの？と思っていたらカレーができた。そして美味しかった。」という内容のものが多く出てきました。これは、カレーの食材作りなど、根源まで辿り、自らの手で食材や材料に働きかけていくことで、これまで食べてきた・作ってきたカレーと、自分達で1から作ったカレーとの比較をもって根源に迫ってきたこと、自分の中の「カレー」がより豊かなものになったことを表していると捉えています。また、こだわったことによって「1からのカレーづくり」から、あまり意識していない自分

達の「食」に迫る学びへと繋がり、社会の抱えている「食」の課題へと迫る学びになったものと考えています。

この実践より総合的学習において、「身近なものを根源まで辿ったり、根源からものをつくってみる」ことにこだわり学習を組んでいくと、様々な発見に出会い、そこから社会が見えてくるということが伝わりましたら幸いです。

（山本　剛大）

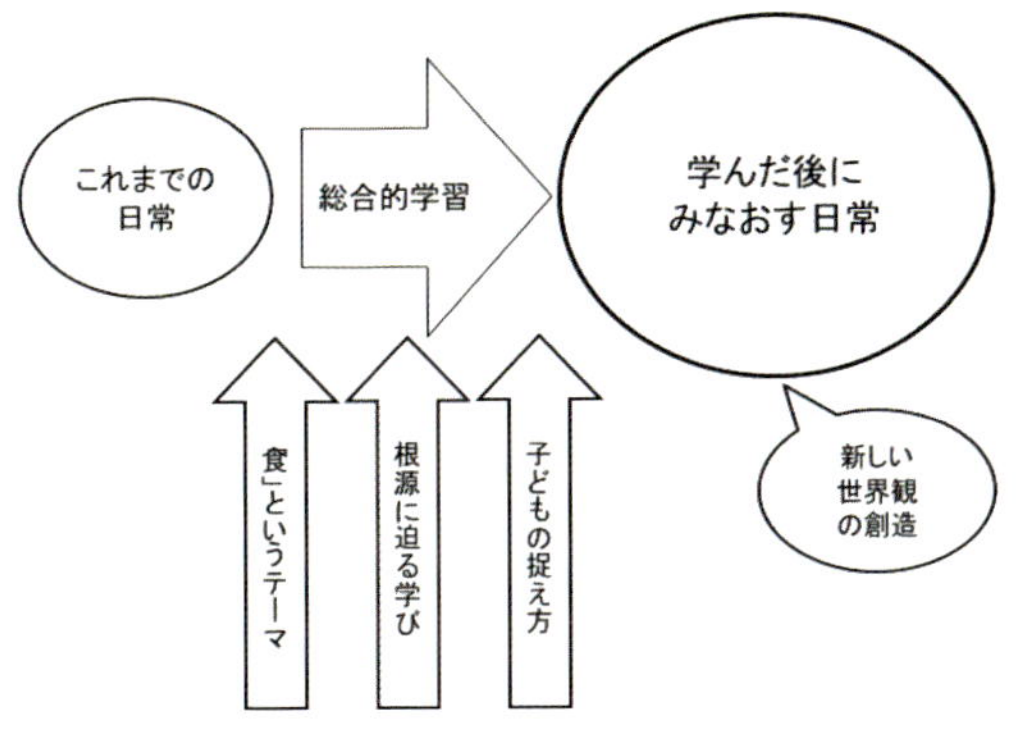

1からのカレーライス実践の構造

# 第4節　塩づくり×中学生　塩っていいにおい?

## 過去の実践のマネから始める

この授業は、手労研の宮津濃先生が行った授業実践を基に、自分自身で考えて行なった授業です。塩田を利用した「揚浜式製塩」という、伝統的な塩作りの製法を追いながら中学1年生を対象に2時間展開で授業実践を行いました。

宮津実践では、「小学生が学習する生産技術の歴史」というテーマで、小学校5・6年生を対象に、人間の知恵や技術・技能のすばらしさを本質からとらえさせて、子どもの労働観を深いものにするというねらいがありました。また、「塩を手に入れるため、当時の人にとってはとても貴重であり、入手するのに難儀した」ことから製塩した塩を運ぶための道が作られたという人類と文明との関係にも目を向けさせようとしていました。

私は、過去の実践をまねしただけなのかもしれません。しかし、実践に至るまでの試行錯誤や、フィールドワークの楽しさ、また実物を前にした子どもの反応等、授業づくりの面白さに実感を持って触れることができたのは間違いありません。この実践を機に、フィールドワークの楽しさと、その先にある子どもたちの反応のもつ旨味こそが、授業づくりを追求したくなる「授業熱」の原動力なのだと感じました。

## まねしたい過去の実践の選定

わたしは過去の実践から特徴的な実践を選び出し、現代の子どもたちを対象にそれを実践しなおしてみようという取り組みを行いました。そこで、手労研の過去の会報よりこれはと思う実践を選ぶのですが、授業の選定の段階で大きくつまずいてしまいました。

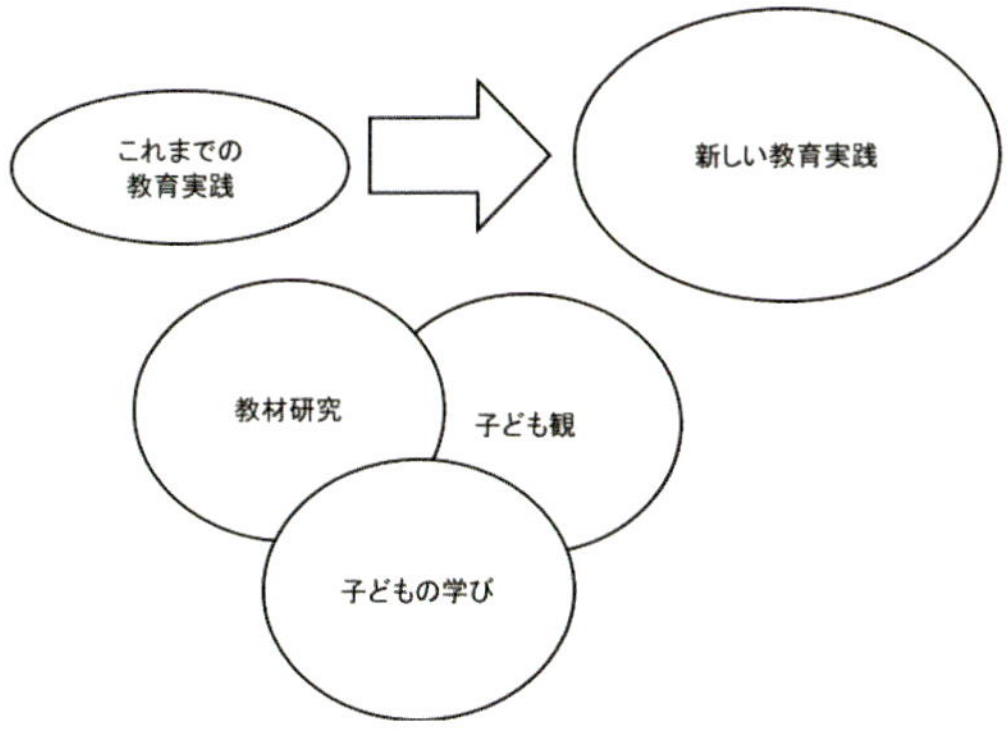


過去の教育実践から学ぶ

わたしは千葉の中学校に勤務しているため、授業の対象となる生徒は中学生です。担当教科は理科なので、「ものづくり」を軸とした授業をし、実体験を踏まえて科学に関する知識や思考力が身につく授業を目標としました。しかし、手労研の会報を読み返しても、中学校での実践はなかなか見つかりませんでした。

そうした中、中学1年の理科の教科書に「身のまわりの物質」という単元があり「揚浜式製塩の塩づくり」が紹介されているページが目に留まりました。それが宮津先生の「塩田を用いた塩づくり」と合致しました。さらに、私自身が挑戦したい体験を取り入れた科学的な内容を中心とした総合的学習の授業とがつながりました。こうして、中学生と取り組む塩づくりの授業が始まりました。

## 授業の組み立て方を学ぶ

授業に取りかかるにあたって、宮津先生が残して下さった資料は断片的な情報しか記述がなく、それをもとに準備をするのは困難でした。わかったことは、宮津先生が鎌倉まで足を運び、そこから海水をとってきて、学校に塩田を作ったということでした。できるだけ、正確に揚浜式製塩の行程を授業に取り入れ、授業と実社会に存在する技能や職業をつなげようとしたのだと考えました。

わたしもわかった範囲で同じことをしてみようと考えました。やってみて、わからないことがあればその都度調べればいいと思うようになりました。宮津先生ができたのだから、自分にもできるだろうと考えていました。

授業は、次の①～③の行程で展開しました。

行程①＝導入：海水から塩を作る。
行程②＝展開：２つの製法で塩づくりを行う。
行程③＝まとめ：製塩した塩の観察・考察する

## とにかく海に行ってみよう

塩のもとは海水です。車にポリタンクを載せて海水を取りに行きました。千葉なので、九十九里の海岸に取りに行くことにしました。九十九里の海岸はとても広いので、どのあたり行けばいいのかわかりません。とりあえず、市役所に行ってみようということになり九十九里市役所に行ってみました。市役所ではわからないけれど、塩を作る授業をしている小学校があるということで紹介されてそこにいって話を聞きました。話を聞くうちに、具体的なことが見えてきました。よく考えてみると、塩水をどうやってはこぶのでしょうか。それほどまでに準備もせず、とにかく現地に行ったのですが、そのことがよかったのかもしれません。塩を取ることができる海水を摂取できる場所も教えていただき、ポリタンク４杯分の海水を持って帰りました。

塩田を用いた揚浜式製塩の塩づくり

## やってみると案外難しい

簡単に塩がつくれるだろうと考えていたのですが、そうではありませんでした。難しかったのは、②の行程です。塩づくりをする際に海水を塩田に撒くという作業を取り入れたいと思いました。ところが、学校で作業に使える場所は理科室だったので、スペースと時間の関係上、大掛かりな塩田をつくることができません。そこで、本当は大がかりな塩田をつくりたかったのですが、それは断念して、小さなスペースでできる塩田づくりから始めることにしました。塩田を用いた製法は海水を撒いた砂に着いた塩の結晶をもとに塩を作る製法です。はじめ、水槽に敷く砂利を用いて自分でやってみました。しかし、砂利と砂利の間隔が広く、うまく塩の結晶が砂利に着きません。そこで、ラシャ紙をもちいて「疑似塩田」を作ることとしました。紙ならば海水を吸収し、水分が蒸発した時に上手く塩が残ると考えたからです。海水が蒸発するときに、海水がラシャ紙に浸透し、下へ流れて行くことを考慮し、新聞紙を下に3層敷いたものを「疑似塩田」として、授業で用いることとしました。ラシャ紙は一度くしゃくしゃにしておきました。紙にシワが入ることで、海水が溜まり、結晶となる塩がとり出しやすくなると考えたためです。

## いざ塩づくり!

こうして塩田の準備ができたので、塩づくりに取りかかりました。

行程①では、小学校で行った「食塩水」から塩を作るのではなく、海水から作ることを強調しました。子どもたちはとても関心を示しました。本当にできるのだろうかという不安と、できたらおもしろいなという関心が入り乱れていたと思います。

行程②では、十分にろ過した海水を塩田に撒く作業を行います。「本当にこれで塩ができるの?」疑問を持ちながらも子どもたちはせっせと理科室内の塩田に向かって「潮撒き」をしました。「『潮撒き』にはベテランの技術が必要らしいよ」と声をかけると、子どもたちは、なんだか注意深く潮を撒こうとするようになりました。この行程はなかなか盛り上がりました。子どもはわからないなりにも、そこに秘密が隠されているということを知ると、その秘密を解き明かしたくなるようです。そうした学びの様子は、調べると言った活動よりも、実際に「潮撒き」をするという動作によく表れました。

**授業内での教師と子どものやりとりの様子**

教師：「何か塩っぽいものはできてる？」

見て分かるけれど、子どもに観察させる。きっかけを作ろうと問いかけた。

子ども：「できてる！」

子ども：「すげー！」

子どもの反応は驚き、喜びが入り交じっていた。どの子どもも、透明の粒に目を見張っていた。

先生：「本当に塩かな？　調べてみよう」

まえのめりになり覗き込む子どもや、鼻を近づけてにおいをかごうとする子ども、それぞれが、それぞれのやり方で確かめる

子ども：「先生、なめていい？」

教師：「そんなに味見してみたいの？　いいよ（本当はダメだけど）」

子ども：「やったー！」

↑砂利を用いた疑似塩田の試作

次の日、授業がはじまる前に塩田をよく見ると、ラシャ紙の上に明らかに半透明の物ができていました。行程③では、そのことに気がついた子どもたちが、塩田で製塩した塩を丁寧に観察していました。

結晶の形や、においといった様子だけでは、塩かどうかを判断することはできません。そのことは教師は分かっていました。子どもが「なめてみたい」と言いだすに違いないと考えていました。教師が教えてもいない形・色・においなどといった物質の特徴から、生成されたものが塩かどうかを判断づけようとする活動が子どもにとって大切な学びであると考えました。そして、たかが塩にここまで興味を持つということには驚かされました。この後、子どもたちは理科で物質の特徴の調べ方を学習します。その際、食塩の特徴である結晶の形を知り、顕微鏡で塩の結晶を観察をします。その学びを経て、結晶をもとに海水から作られたものが何であるかを最終的に結論づけました。

教室塩田に潮撒きする

教室塩田にできた塩

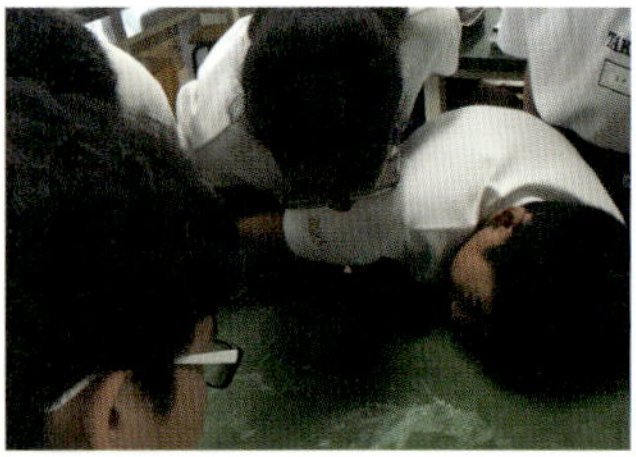

塩田をのぞきこむ

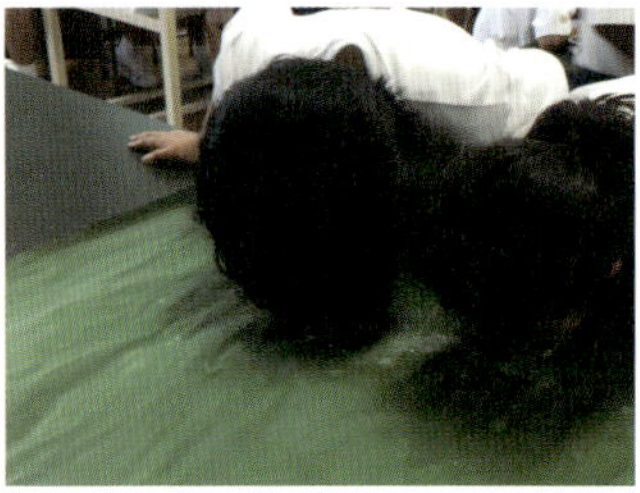

においをかいでいる」

## 教科書でも学ぶ

さらに、海水から塩を取り出すため、海水の水分を蒸発させ、塩（食塩）の結晶をつくってみました。こちらは教科書に載っている実験に近いものです。

《手順》

①ろ過（2回）→②加熱して分離→③ろ過（3回目）→④加熱して食塩を結晶化→⑤結晶の観察

手順①・②：海水をろ過・加熱して分離

手順③・④：ろ過

## これぞ経験の力

わたしはこの授業を行い2つのことを感じました。

一番驚いたのは、子どもたちの関心の持ち方です。「普段塩なんて興味ないくせに」と思いつつも、塩のにおいや味を必死に感じようとしている子どもの様子を見てこちらも楽しくなってきました。また、関心をもって物質を調べようとすれば、中学生は自然に科学的な着眼点を持って調べようとしている点にも驚きました。また、参考にした実践では「塩を手に入れるため、当時の人にとってはとても貴重であり、入手するのに難儀した」ことについては、実際に海水を取りに行ってそこから塩を取り出すに至るまでの教材研究で身に染みてわかりました。できれば、その過程を子どもたちにも体験させてあげることができれば、もっと学びが広がり、深まるだろうと思いました。

２つめは授業準備の楽しさです。今回は、子どもの学びとしては「人間の知恵や技術・技能のすばらしさを、本質からとらえさせ、子どもの労働観を深いものにする」という点にまで到達させることはできませんでした。私は今回の授業のために、一日かけて海水を取りに行ったり、何度も塩田づくりに失敗したりしました。しかし、その先に今回見せてくれた子どもたちの反応があるのならば、少しくらい苦労したり、手間をかけることになったりしても、授業をやってやろうという気持ちになりました。授業づくりの原動力となる「授業熱」は教師自身の体験にあるのではないでしょうか。

（内藤亮生）

## 第5節　子どもの「知りたい・学びたい」を出発点に「ケータイ・ネット社会」を見つめる

### 「現代的な課題」にせまる

一昔前は、高校生になってから「携帯電話」を持たせてもらえるというのが一般的だったのではないでしょうか。現在では、小中学生の頃から「スマートフォン」を持つようになってきました。就学前からもタブレット端末等を自在に駆使して動画やゲームに触れる機会がいくらでもあります。保護者が子守の手段の一つとして端末を与えるという光景もしばしば見かけます。そうした現代的な状況において、総合的学習の時間で「ケータイ・ネット社会」について取りあげるというのは意味あることだと考えました。その意味を考えるために、次の問いを投げかけてみました。「あなたはスマートフォンを賢く使いこなせていますか?」「子どもは（あるいはあなたは）どこでその使い方を学びましたか?」

多くの方は、スマートフォンを使っていても、その使い方を誰かに習ったわけではないでしょう。何となく使っているうちに使えるようになったのではないでしょうか。私たち大人（といっても年代によって受けとめ方が違うと思いますが）は、スマートフォンやインターネットが身近になかった少年期を過ごしています。ところが、現在を生きる子どもたちは、幼い頃から携帯端末やインターネットが当たり前にあり、それがあそび道具のひとつとなっています。「デジタル・ネイティブ」という言葉が出て久しいですが、そう呼ばれるように、「ケータイ・ネット社会」が当たり前にある世代だということを確認しておきたいと思います。

### 携帯端末の使用を制限する指導

では、そうした状況に生きている子どもたちは「スマートフォンを賢く使えているのか?」と改めて問い直してみると、いささか疑問に感じる部分があります。特に小学校高学年から中学生になる頃にはＳＮＳなどにおける「いじめ」に関するトラブルが頻繁に起こっています。私たち教師は、そうしたトラブルに翻弄されることもしばしばです。スマートフォンのような携帯端末が描き出す世界は、非常に便利であるのですが、見えるようで見えないような曖昧な部分のある世界です。そのため、メリットとデメリットを理解した上で「賢く使いこなす」力が求められます。

ここまでは、誰しも意見が一致すると思うのですが、その先が問題になります。携帯端末が描き出す世界は、曖昧なものであるからこそ、それを利用する「モラル」の教育を重視するという視点からすると、教師が携帯端末の使い方に関する「モラル」を子どもに教え、子どもは教えられたことを身につけることが望ましい教育だという図式が描き出されます。そうした視点からの教育では、子どもたちに携帯端末を使用することを禁止あるいは学校という場に持ち込ませないという指導が行われているのではないでしょうか。こうした「ネット＝悪」という図式は、かつて、中高生によるナイフ殺傷事件があった時に、ナイフの使い方をきちんと教えようとするよりも、「ナイフ＝悪」として刃物を子どもの手から取りあげるかのように使用を制限する方向に指導が傾いてしまったことと似ているような気がします。

子どもたちに情報機器の使用を制限しても、子どもは大人の目の届かないところで様々に利用するようになります。そうした事態を生んでしまったら、携帯端末を「賢く使える」ようにはならないと思います。私自身もかつての勤務校で、このような視点に立って携帯端末の使用を制限する指導をしていた経験があります。そこで、子どもの携帯端末の利用によるトラブルの指導においていくつかの苦い思いもしました。

## 携帯端末の利用を制限する指導の見直し

現在、巷では日常生活の中にインターネットの世界が埋め込まれている現実があります。学校外では、制限なく携帯端末が利用できる世界に子どもたちは生きています。私の現在の勤務校は東京の私立中学校で、珍しく思われるかもしれませんが、携帯端末等の学校内持ち込みについて特に制限をしていません。校内での携帯端末等の使用に関するきまりは「生徒会ルール」(※学校が一方的に決定した校則ではなく、正当な手段の下、生徒の手で決められられたもの)として生徒総会で議論し、生徒会の決定をできるだけ尊重して学校と保護者と生徒会の三者の確認の上でルール化しています。現在の主なルールは、朝の会開始より帰りの会終了までは電源を切るかサイレントモードにする(試験日は電源を切る)、写真撮影機能については学校敷地内では使用を禁止することなどが定められています。

## 携帯電話の利用トラブルを防止する

多くの教育現場では、子どもたちがスマートフォンを持ち始めると、コミュニケーションによるトラブル(頻度や言葉遣いなど)や、様々な情報へアクセスしたことによるトラブル(スパムメールやフィッシング)などが生じています。ところが、教師自身が新しい携帯端末についての知見が豊かではなく、中高生のネット利用の状況を充分に理解していないという状況では、情報モラルに基づいた「正しい使い方」とされている利用法を子どもに教えても、子どものニーズに合っていなかったり、子どもからすれば単にお説教とされてしまったりして、実感のある学びにならないのです。

## 総合的学習で情報モラルを扱う意義

総合的学習は、教科等の枠にとらわれない現代的な課題を扱う領域です。総合的学習で情報モラルに関する内容を扱うことは、現代を生きる中高生にとってリアルな問題であり、必要な学びとなると考えました。そこで、トラブルが起こる前に予防的な学習を推進するという方針ではなく、実際に彼・彼女らが生きている世界の中で、どうしたら「ケータイ・ネット社会」の問題にせまっていけるのかという現実問題を、子どもとともに正面から見つめるカリキュラムを編成できないだろうか考えました。

## ネット利用の問題に関する授業のねらいを学年教師で検討

私の勤務する学校では、中学1年生の3学期にネットリテラシーに関する総合的学習を行うことにしました。子どもたちは生まれた時からすでに携帯電話（スマートフォン）やインターネット環境が当たり前にある世界に生きているという状況を、まずは教師が充分に理解するところから始めました。子どもたちにとってはもはや生活の一部であり、携帯端末等がある生活様式を後戻りさせるわけにはいきません。子どもたちが自分自身で「情報の価値を判断できて、賢く使いこなせる」ようになる必要があるという考えを基調として総合的学習の単元を構成することにしました。単元を構想するにあたって、目の前の中学生にどのような内容の総合的学習をつくるのかを学年の教師で検討することにしました。

## 私自身の授業観の転換　―東日本大震災の出来事から―

私自身も以前は「ネット＝悪」や「怖い世界」だから使わせない、遠ざけるというように感じており、子どもの恐怖心を煽るような内容で、ネットリテラシーの授業を展開したこともありました。しかし、子どもたちのネットトラブルは後を絶ちませんでした。私自身が「ケータイ・ネット社会」を「正しく怖がる」「賢く使いこなせる」ような学びをつくれないだろうかと考えさせられたきっかけ―「ケータイ・ネット社会」に対する授業観の転換を迫られたきっかけ―は東日本大震災でした。

東日本大震災が起きた瞬間から、人々は何が起こったのか、どうなっているのか、情報を知りたくてテレビ画面に殺到しました。人々は不安になり、情報を求めたのです。ところがテレビが受信できない環境にいると情報を得ることができません。そのような中、広島に住む中学2年生（当時）が発災後まもなく、より多くの情報が共有できて助かる人がいるかもしれないと思い、テレビ画面をネットに配信しました。[※1] インターネットで配信すれば、テレビ視聴ができない環境にいても状況を知ることができると考えての行為でした。

各テレビ局もその後自分たちの手で配信するようになりました。この中学生が取った行為そのものについては考えるべきことはあるにせよ、「ケータイ・ネット」を「賢く使いこなす」ことの意味を考えさせられた出来事でした。

奇しくも、わたしはその年に中学1年生を担任することになり、思い切って単に恐怖心を煽るような授業ではなく、「正しく怖がる」「賢く使いこなす」ということはどういうことなのかを子どもたちと一緒に考えられないか、私たち大人が思っていることを子どもたちにぶつけてみて、彼・彼女らが必要としているところを学びの出発点にしようと考えるようになりました。

## 子どもとともに考える　―何を学びたいかという問題提起―

学年教師で相談した結果、総合的学習のテーマは「学び・考える『ケータイ・ネット社会』」としました。そこでは、子どもたちにも学ぶ内容を考えてもらおうと、次のような問題提起をしました

> インターネットに接続できる端末は家に少なからず1台はある時代になりました。「パソコン」が家庭に普及するきっかけになった「Ｗｉｎｄｏｗｓ９５」が発売されて以来、我々の生活は日々便利に、かつ快適に世界とシームレス（継ぎ目無く）にインターネットを利用することでつながり続けることができるようになりました。
>
> 君たちはいろいろな形でつながり続けられる、あふれる情報に触れることができる状況が当たり前の世界に生まれ、今を生きています。ネットは見えない部分が多い世界です。見えないからこそ、そこには「怖さ」もあります。一方で、見えないからこそ大胆にできてしまうこともあります。

これから先、インターネットは君たちの生活と切っても切り離せない世界になることは明らかです。ネット上では、気楽に発信できるものの、失敗をすれば簡単にやり直すことができなくなることは様々なニュースを見ていてよくわかると思います。だからこそ、怖さも知った上で、賢く、便利に使いこなせるようになるために学習を深めていきたいと思います。

## 子どもがハッと気付く指導内容をつくる

私の学校では、全学年の生徒を対象に情報機器の利用実態調査を毎年実施しています。この調査は、10年以上取り組み続けています。その結果から、子どもにとっての課題をフィードバックできるように、総合的学習の内容を組み立てています。現在では、本校の9割ほどの子どもが自分の携帯端末（フィーチャーフォン、スマートフォン、タブレットなど）を所持しています。全国的なアンケートでは6割から7割前後の中学生が所持しているとされていますので、本校の生徒の所持率が高いことがうかがえます。また、携帯電話を所持していなくても携帯ゲーム機器を介してインターネットに接続することもできるので、それらの利用も合わせて「ケータイ・ネット社会」について学んでおかなければ、トラブルに巻き込まれる、あるいは自身がトラブルを起こしてしまうことになりかねません。実際、入学式を終えて早々に、子どもの中にＬＩＮＥのグループができ、そのグループ内で「外す、外さない」という問題が生じたり、あるいは時間や量の分別なく投稿を続けるといったトラブルが発生したりしています。こうした現状ではありますが、アンケートの結果からは、子どもたちはソーシャルメディアの良さや難しい部分について一定程度は理解していることがわかりました。こうした矛盾した現実を子どもに気付かせることを出発点にして、子どもたちがハッとするような指導内容を考え、指導計画を作成しました。

## 授業の概要

①イントロダクション　―ゲームやインターネットの成り立ち―

総合的学習の導入では、ゲームやインターネットの成り立ちを簡単に話しました。子どもたちがこれから学ぶ「ケータイ・ネット社会」に対するイメージをつくってもらうとともに、自分自身の生活を見つめる機会を得てほしいと思

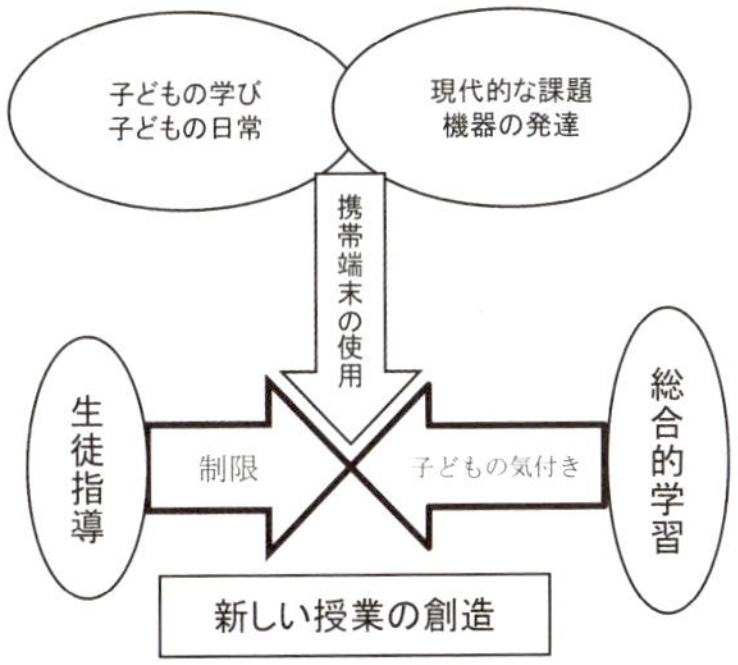


現代的な課題をテーマとする総合的学習の授業づくり

いました。漠然としたものではイメージが湧きませんから、例として子どもたちにとって身近なTwitterというサービスがどうして開発され、開発者の意図はどこにあったのかを取りあげました。※2 もうひとつの提起として、多くのSNSのアカウントの開設年齢について知らせることにしました。意外にもこのことについて知っている子どもは少なく、また、多くのサービスでアカウントの開設年齢が13歳（中学1年生の年齢に相当します）という共通性があることを知って、「なぜ13歳なのか？」ということを考えてもらうことにしました。

②アンケートの結果から　―影の部分を知る―

2回目の授業は、多くの子どもにとって「ケータイ・ネット社会」を身近に感じてほしいと思い、アンケートの結果を活用しました。これまで、事前アンケートは教師の判断材料に留まっていました。総合的学習では、アンケートの結果を子どもに返してみるところから始めました。私たち教師は、「ケータイ・ネット社会」は「怖い」と思うことを、正しいとか間違いとか価値判断する前に、子どもたちが「怖い」という思いと向き合い、「正しく怖がる」ようになってほしいと思いました。その素材として、アンケートをもとに現実の自分たちの姿を見つめていきました。

アンケートの結果から、①年齢制限の正しい理解、②簡単にアクセスでき、知る、できることが果たして本当に必要なものなのか、③SNSは便利だけど問題が起きるから「怖い・使わない」としてしまっていいのか、の3点が子どもたちの現状の課題であることが浮かび上がってきました。その上で、リアリティのある事例から考えさせることにしました。そこで、取り上げた事例のひとつを紹介します。

事例「あなたが写っている写真は大丈夫？」―知らない間に位置情報がくっついている？―

彼・彼女らは携帯電話等で写真を撮り、ネットで送信すること（写メ）を日常生活でごく普通に行っています。

あまりに日常に埋め込まれているため、それが何を意味しているのかということを意識していません。それもそのはずです。なぜなら、小さい頃から親が携帯電話等で子どもの写真を撮って配信しているからです。写真をネット上でさまざまな人と共有したり、公表したりすることについてもハードルが低く、当たり前のように行っています。

授業では、私は外国に住んでいる友人に協力してもらい、位置情報がついた写真を送ってもらいました。当然私が訪れたことのない土地の写真・風景です。子どもたちの目の前でこの写真から、ソフトを使って位置情報を割り出し、地図アプリへ位置情報を入れ場所を特定してみせました。多くの子どもは、本人が意図して送っていなくても、写真に知らないうちについているかもしれない位置情報の数字だけで場所が特定されてしまうことに驚いていました。この授業で子どもたちは、自分の情報がどの程度まで配信されているのか。つまり、自分の情報をどこまで配信することが許せるのか、情報を管理すべきなのかという疑問を抱くようになりました。

さらに、送られてきた写真の中に知らない「人」が写りこんでいたのです。SNSでは真剣に考えなければならないことのひとつに肖像権やその画像がどのように扱われるのかという問題があります。自分の全く知らないところで誰かが撮った写真に自分が写り込んでいた、それを自分に知らされずにSNSにアップされてしまうということによるトラブルは、今後たくさん出ることでしょう。だからこそ、あえてその写真を使い、起こりうることを想定して、考えさせてみました。

## 授業を終えた後の生徒の感想

この授業の結果を子どもの感想から検討します。

> ネットの危険が一部、ほんの一部だけどわかった気がする。Ｔｗｉｔｔｅｒなどでつぶやくということが危険という

よりも、それを使う人の方が危険。そういうものを悪用する人たちの方が危険なのでは？　と思った。また、プライバシー等を必要とするアプリは、そこまでして使用する価値があるものなのか？　そんなものは必要か？と書きながら考えています。（男子）

スマホを持つ前は自分はすべてスマホで調べて終わらせないという自信があったけど、スマホを持ったらどんなにそう思っていてもできなくなってしまうという事に気づきました。これからは、使い道をよく考え、自分がとった行動の後先をちゃんと考えてから行動したいと思います。生まれた時からネットがあった私たちだからこそ考えなくてはならない事があるなと今日の授業を受けて感じました。（女子）

私はこの話を聞いて〝身近な危険〟ということの本当の意味を知った。私はいつもアプリとかで〝カメラを許可する〟とか〝位置情報を設定する〟とか、なんにも考えずに許可ボタンを押したり普通に危ないことをしていたということも知った。個人情報流出だったり、赤裸々の写真の流出だったり、〝ネットってこんなにやばかったっけ？〟ってことも改めて知らされた。（女子）

インターネットでは、インターネットという世界の中で、「もう一人の自分」を作り出します。その「もう一人の自分」は、文字を行き交いさせ、人にうれしいことや不快なことをささやきにいきます。その「もう一人の自分」は画像や人物を使い、人を楽しませ、そして悲しませます。いつしか「もう一人の自分」を許してしまい、どんどんどんどん深く深くにいきます。そんなインターネットを利用しているのですが、本当に、楽しいことやイヤなことが伝わったり、伝えられます。僕はこれから気をつけていきたいです。（男子）

感想を読むと、子どもたちが、不安から一歩踏み込み、何が危険なのか、自分たちはどういう意味で当事者なのか、より具体的に「危険」の中味を語り始めていることがわかります。一方で、「賢く使いこなす」ためにはどうすればよいのかという点にまでは至っていません。子どもたちの言う「ちゃんと考えて」の中味が出てくるように、授業をより改善していく必要があると思います。

## 保護者もともに学ぶ

授業の後に、学年の教師で話し合ったところ「ケータイ・ネット社会」に関する問題は、子どもだけが考えるものであっていいのか、ということが話題になりました。同時に、保護者からも「ケータイ・ネット社会」に関して、子どもたちが学んだようなことを自分たちも知りたいという要望もあったので、保護者向け学習会を開きました。保護者には、子どもがどのようなことを学んだのかを追体験してもらいました。学習会では、保護者も子どもと同様に知らないことがあること、曖昧な不安を抱えていたことが改めて意識化されるようになりました。その上で、子どもにしてあげることができる対策を考えることになりました。

## 「わからない」からこそ教材研究を大切に

改めて実践を振り返ると、今回の「ケータイ・ネット社会」に関する授業では、子どもたちが知らないことを知らせようとしたため、いわば「影」である「危険」に関する側面を示すことが多くなってしまいました。「影」を意識することだけでも、「ケータイ・ネット社会」に対する子どもたちの基本的な考え方を大きく変えることができました。携帯端末等を「賢く使いこなせる」ようになりたいという願いは子どもも持っています。「ケータイ・ネット社会」

を見つめるというような現代的な課題は、教師にとっても知らないことの多い世界です。知らないことを直視しないで、外部講師に話してもらうということもあるでしょう。外部の協力を得ることは悪いことではありませんが、総合的学習のすべてを外部にお願いしてしまう、すなわち、「おまかせ」では、教師自身がねらっている真の学びには届かないと思います。わからないからこそ教師自らが教材研究を進め、子どもとともに考えることによって、少しでも前に進むことが総合的学習にとっては最も必要なことではないでしょうか。

（中山　義人）

※1　東日本大震災と情報、インターネット、Ｇｏｏｇｌｅ　数多くの英断が生み出したテレビ番組のネット配信
http://www.google.org/crisisresponse/kiroku311/chapter_10.html

※2　エヴァン・ウィリアムズ　〝Ｔｗｉｔｔｅｒユーザーの声に耳を傾ける〟
https://www.ted.com/talks/evan_williams_on_listening_to_twitter_users?language=ja

# 第3章　総合的学習の単元をつくりかえる

## 第1節　総合的学習の指導計画どうやってたてていますか?

### 「新しくつくる」よりも、まずは「つくりかえる」からはじめよう

みなさんは、それぞれご自身の学校で総合的学習の指導計画を立てておられることと思います。学生さんは授業の課題として指導計画の作成を要求されることでしょう。総合的学習は、既存の教科と異なり、あらかじめ学習指導要領等で設定された単元がありません。そのため、各学校・学年または学級で単元を設定しなければなりません。これは、とても大変なことですが、考え方によっては自由に授業づくりができるチャンスでもあります。

ところが、実際には、県や市町村から出されている指導計画モデルに従って単元を構成している（ないしは、「構成しなければならない」ことになっている。）、これまでの学校の慣例でなかなかそれまでの指導計画を変更することがかなわないなど、簡単に自分たちで自由に単元を設定することができない、また、忙しくてそこまでは……というのが実状ではありませんか。総合的学習の単元設定には、各学校でいろいろな悩みや問題があるのが教育現場の実際だと思います。そのような中で、何事もまっさらの状態にして、新しくつくりだすというのは本当に大変で、多大な労力が必要となります。新しく指導計画を創造することはどこの学校でも、誰でもできるというものではありません。学習指導要領も改訂されたので、何か新しい単元を構成したり、新たな指導計画を作成しなければならないというのは

そうなのですが、そうした提起は現実的ではないと思います。そこで本書では、ゼロから単元をつくろうという提起ではなく、既存のものを活かしながら単元を「つくりかえる」ことを提案したいと思います。

そもそも何もないところからアイデアひとつで全く新しい指導計画や単元が生み出されるというものではありません。これまでも新しく創造された単元は、必ず参考にした実践例があります。これまでまったく新しい単元のようにみえたものでも、参考にした実践があるはずです。ただ、わたしたちはそれをあまり明確に示してきませんでした。これからは、何を参考にしたのかをきちんと示して、先駆者に敬意を払おうというのが「知的財産」と呼ばれる考え方です。同時に、何を参考にしたのかを示すことによって、同じように考えれば新しい単元や指導計画を生み出すことができるようになります。しかも、新しい単元開発は特別なアイデアマンだけができることではなく、あなたにもできることなのです。

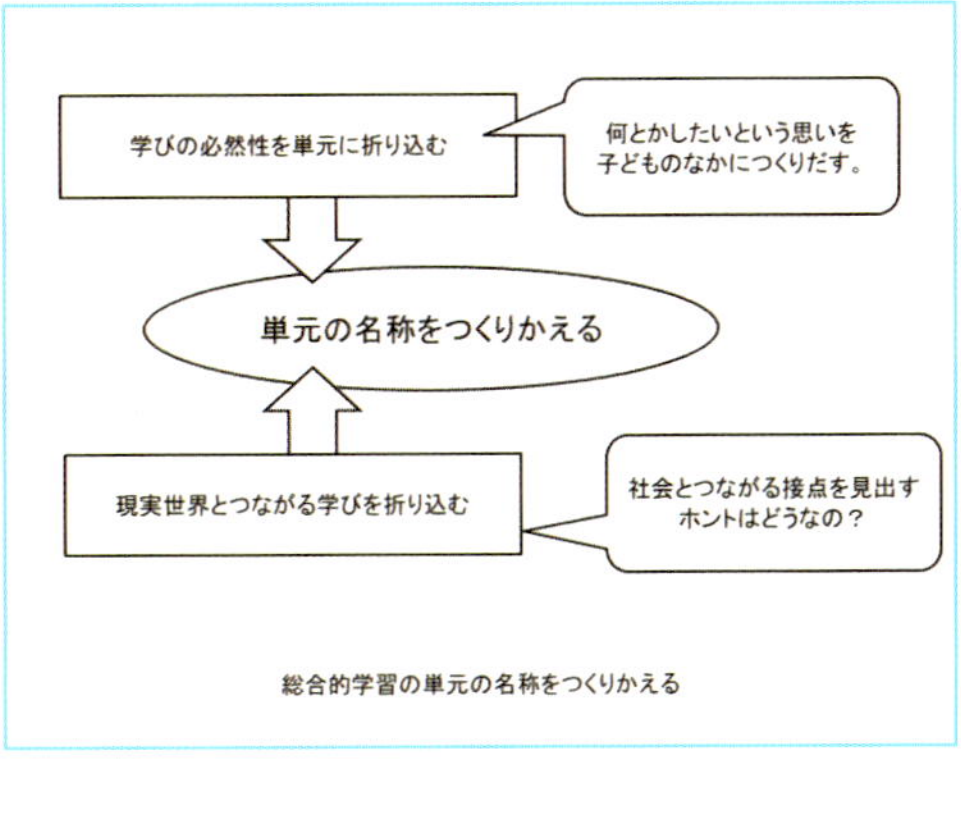
学びの必然性を単元に折り込む
何とかしたいという思いを
子どものなかにつくりだす。
単元の名称をつくりかえる
現実世界とつながる学びを折り込む
社会とつながる接点を見出す
ホントはどうなの？
総合的学習の単元の名称をつくりかえる

## 単元って何？

まずは、単元について知りましょう。単元って一体何でしょうか？　知っているようで知らないですよね。そうした時は辞書で調べてみましょう。単元とは教育学事典的に説明すると「教材の有機的なまとまり」ということになります。ここでは「有機的」というところがポイントです。「有機的」とは相互に関連性があり、かつ、ひとつの筋道が立てられているという意味です。こうした辞典的解釈を簡単にわかりやすく説明すると、「単元というのは『ストーリー』である」ということになると思います。つまり、単元をつくるということは、ひとつのストーリーをつくることだと考えればいいのです。

## ふたつのタイプのストーリー

ストーリーの組み立てには、2つのタイプがあります。それは主人公が中心のストーリーと出来事が中心のストーリーです。

主人公が中心のストーリーでは、その人が生きていく中で生じるこもごもが扱われます。これを教育の場で考えてみると、主人公の生き様＝生活、すなわち「生活」を中心に描いた単元構成になります。これを「生活単元」と呼びます。

もう一つは、「これおもしろいな」、「子どもといっしょにやってみたいな」というように、ものや事に注目して、そこから単元を構成する方法があります。ここでいう「もの」とは教材のことです。ものの特徴をとらえて、学習内容を構成することによって単元をつくります。こうした単元を「教材単元」と呼びます。通例、既存の教科教育は「教材単元」による単元構成の方法を取っています。

いずれの方法にしても、子どもにとって意味のあるストーリーを描くことが単元構成では大切です。

## ■単元の名称を変えるだけで、子どもの学びが見えるようになる

単元を最もよく表しているのは単元の名称です。そこで、よりおもしろい総合的学習の授業をつくるにあたって、単元の名称を変えていきたいと思います。では、早速やってみましょう。

総合的学習で「エコ、大作戦」という単元の名称で環境に関わる学習を行ったとしましょう。この単元で子どもた

ちが実際にできる活動としてよく行われるのは、牛乳パックや空き缶を集めてリサイクルしたり、リユースしたりする活動や、省エネと称して水道の使用量を削減するなどの身近な活動です。実際に授業をしてみると、確かに子どもは熱心に活動するのですが、それで何かが見えたり、生活の様子が変わったりするわけではありません。多くは、単元の学習が終わると忘れ去られてしまいます。だからといって、子どもたちがしたことには意味がないというのではありません。どのような活動でも、子どもは必ず学んでいます。ただ、こうした身近な活動では、子どもに何が身についたのかが見え難いのです。そのため、総合的学習は「活動あって学びなし」だという批判を浴びてきました。実際には、活動だけがあって学びがないということはありません。大人が子どもの学びを見出せなかっただけなのです。そのため、総合的学習では、学んだことを表現（パフォーマンス）させようとしてきました。しかし、学びの表現だけにこだわってはいけません。表現だけにこだわっても、表現するだけの中味がなければ子どもにとって意味がありません。ましてや「発表に向けて」学習するというのは本末転倒です。こうした問題に応えるために、今時の改訂学習指導要領では、「何ができるようになったのか」といった「資質・能力」を示す必要があるとされました。

こうした中で大切なのは、総合的学習においては、本当に子どもにとって意味のある学びをきちんと形成するために、活動の内容を吟味するということです。ただ「資質・能力」を掲げて、評価の規準を変えただけでは以前と変わりありません。それでは子どもの学びを豊かに展開する単元づくりはできないでしょう。

そこで、学ぶことの意味を子どもと教師が確かめあって、その上で「何を学ぶのか」を子どもとともに考えて単元を変えていく必要があります。そのためのとっかかりは、単元の名称を変えることです。「エコ大作戦」という名称では、学ぶ中味が見えてこないところに弱点があるのです。

# 第2節　単元の名称を考える

## 総合的学習の学びの特徴

　単元の名称を考えるにあたって、いま一度、総合的学習の学びの特徴を押さえておきましょう。総合的学習では、教師が子どもに知識や技能を授けていくといった伝統的な教授・学習関係を基にした授業を行いません。子ども自身が、主体的・対話的で協同的な深い学びを展開していくことを大切にします。こうした授業を行うためには、授業の目標（授業のねらい）を子どもに委ねることが必要です。でも、教師にだってこれを教えたい・これに気付かせたいという願いがあります。子どもに委ねるというのは、子どもの勝手にさせるということではありません。子どもの思いを尊重しながら、教師と子どもがともにつくりあげていくということです。総合的学習における学びの特徴は、教師と子どもが対話をしてその中味をつくりあげていくところにあると考えます。

## 総合的学習の単元に必要なもの

　ではどうすればいいのでしょうか。単元づくりに必要なものは何かを考えてみましょう。総合的学習の単元は、「何のために学ぶのか」といった学びの目的、すなわち意図を大切にするところから始めます。まずは単元の目的を子どもと共有する必要があります。そこで単元の名称を見れば、「何を目的とするのか」ということが明確に子どもにもわかるようにしなければなりません。目的が明確になるためには、単元の学びに必然性がなければなりません。総合的学習は何をしてもいいというのではなく、現在、何をすることが、どのような課題を解決するのか、いわば「リサーチクエスチョン」を持つことです。でも、これを正面切って考えると難しいです。そこで子どもの側から考えてみましょう。

子どもは、自分が学びたいと切実に願うことを総合的学習で学びたいと思っています。そこで「何をすればおもしろくなるのか?」とか「もっと○○したいな」と思わせるような単元をつくろうとします。教師と違って、「やるべきこと」ではなく「やりたいこと」を考えます。しかし、「やりたいこと」が必ずしも「できること」ではありません。そこで、「どうすればできるのか」という問いに変わってきます。こうした学びの要求から、追求する活動が生まれます。子どもが没頭して追求してくれれば、後は子どもの声を拾っていくことで子どもの学びが見えてきます。

## 総合的学習の単元をつくりかえる

では実際に単元「エコ大作戦」の名称を変えてみましょう。

これは「エコ」が示していることは環境学習の範ちゅうだと言うことはわかります。しかし、「大作戦」は何を指しているのかわかりません。もちろん、それを子どもとともにつくっていこうという教師の意図はわかりますが、子どもはどうでしょうか。子どもにとってこのテーマが学びたいと願う切実なテーマになっているでしょうか。このテーマには「大作戦」をたてる必然性がないのです。それが切実さを失わせていると思います。

# 第3節　単元に織り込む3つ

## 学びの必然性を単元に織り込む

　では子どもたちが感じる切実な「エコ」とは何でしょうか。それには、２つのことがあります。ひとつは、自分が実感できるという子ども自身の問題です。もうひとつは、それを学んだことによって現実世界が見えるようになるという現実性のある学びの問題です。改訂学習指導要領に言われている「開かれた教育課程」というのは切実さや現実性というところで実現することができます。

　では、子どもが実感できて、現実性がある教材にはどのようなものがあるでしょうか。教材レベルで考えると具体的になり、わかりやすいと思います。子どもにとって「エコ」が実感できる身近なものとしては、使い捨てのものに注目することができます。使い捨ては、大量消費によって登場した商品です。そのため「エコ」ではないものがあります。最近では、使い捨てにするのではなく回収して再利用するものも出てきました。牛乳パックなどはその例でしょう。給食には毎日のように牛乳パックに入った牛乳が出ます。そこからは、クラスの人数分パックの廃棄が出ます。これを集めておくと、どれくらいの量の牛乳パックが消費されているかがわかります。

## 何とかしたいという思いをつくりだす

　そうした牛乳パックの山を見ると、子どもは「何とかしたい」と思うようになります。そこに関心が生まれます。こうした関心こそが学びの糸口になります。子どもの発想だと、牛乳パックを使って何か作ろうということになります。でも、たいしたものはつくれません。それだけでは、自己完結してしまい、社会とつながる現実性のある学びに到達することができません。牛乳パックに目がいったので、単元の名称を「牛乳パックを使ってエコする」としても、先が見えてきません。

## 現実世界とつながる学びを織り込む

そこでさらに現実世界とつながる学びになるように単元の名称を変えていきましょう。社会とつながるためには、実際に牛乳パックがどのように扱われているのかを調べてみます。

もともと牛乳パックのもとになるパルプの材料は、木の切れ端や製材過程で除かれる外周部分が用いられています。飲み終わったパックは約3割がリサイクルされています。牛乳パックは中味は紙ですが、表面にポリエチレンのシートが掛けてあり、そこに印刷がされています。そのため、他の紙と一緒に再生することができません。牛乳パックには再生のために特別な表示が付けられています。また、においをつけないように洗っておいたり、カビが生えないように乾かしておいたりするなどの処理をしてから捨てる必要があります。

この他、牛乳だけは目の見えない人でも触ればわかるようにパックの上部に丸いへこみがつけてあります。へこみの付いている位置でどちらが開け口かもわかるようになっています。また、沖縄では946ミリリットル入りです。これはかつて沖縄が米軍の占領下にあったため、使用されていた容量の単位が「ガロン」であったことに由来しています。（1／4ガロン＝946ミリリットル）

このように牛乳パックひとつをみていくだけで、そこにはさまざまな工夫がされていることがわかります。また、かつては三角パックという正四面体の紙パック容器がありました。これだと単位容積あたりの包装材料が一番少なくて済みます。一枚の長い紙があれば容器を製造できるという利点があるのですが、輸送には六角形の専用ケースが必要になるという欠点もありました。

こうして牛乳パックを見ていくと「エコ」という視点だけではなく、ユニバーサルデザインや沖縄の歴史、形状とその意味など多様な事柄に触れることもできます。たったひとつの教材から、現実世界の様々な面が見えてくる。これが総合的学習です。

## 改めて、単元の名称をつくりかえる

では、そうした教材研究の成果をもとに単元の名称をつくりかえてみましょう。今回は、牛乳パックにこだわって、そこからさまざまな事柄がみえてきたので「牛乳パックから世界が見える」としてはどうでしょうか。そこには「エコ」だけではなく、さまざまな人々の智恵や工夫を学び取ることができる可能性が示されています。こうしたさまざまな面に子どもが気が付いていくように教師が誘い込むのが総合的学習の指導ということになります。

## 上手くいきそうでも失敗することがある

でも、いつも成功するとは限りません。失敗例もあります。例えば、「究極のラーメンをつくろう！」という単元は上手く展開できませんでした。

ラーメンはもはや日本の食文化。非常に大衆的で、さまざまなお店がさまざまな工夫をしています。店舗だけではなく、インスタントラーメンも沢山売っています。ここに学びの契機がありますす。しかも、現実世界を見ていく窓があるにちがいないと思って、ラーメンを教材として、食を考える単元を構成してみました。子どもたちが追求してくれるように「究極の」という言葉を示して単元の目的性を明確にしました。ところが「究極のラーメンに挑戦」という単元は実践してみるとうまくいきませんでした。原因は……？

子どもはスープにこだわったり麺にこだわったりして、活動がバラバラになってしまったのです。ラーメンは意外にいろいろな要素が複雑に組み合わさっており、焦点化してとらえることができませんでした。結局「究極のラーメン」を生み出すのは難しいということで終わってしまいました。この実践から得た教訓は、総合的学習において、子どもが学ぶことができるためには、学ぶべき対象がはっきりしていることが必要だということでした。

## 上手くいく時は奥が深い

これとは逆に上手くいった例もあります。「本物のとうふをつくろう」がそうです。豆腐は製造工程は明確なのですが、豆腐をつくるためには技が必要になります。しかし、ある種の薬品を用いれば簡単に誰でもできます。それは「本物」と言えるのでしょうか。子どもたちの中では大いに議論になりました。

実際に自分たちの手で豆腐をつくってみると、最初固めることすらできなかったのですが、試行錯誤を繰り返し、学んでいくうちに、徐々に技が向上していきました。豆腐屋さんに聞き取りに行ったり、にがりをもらってきたりと子どもは教室の外に出て学んでいました。そして、最後には確実に豆腐を作ることができるようになるまでに成長したという実感がもてるようになりました。この実践から得た教訓は、一見簡単そうだが、奥が深く、子どもが学ぶ要素がふんだんにある。それが総合的学習の教材としてふさわしいということでした。

# 第4節　総合的学習をつくりかえるチェックポイント

こうした失敗・成功を重ねながら、手労研では総合的学習の単元設定について３つのチェックポイントがあることを見出してきました。

①単元テーマのたて方　弱点その1　具体性がありますか?　↓何を学ぶのかが見えない。

例えば、「身近なものでつくろう」というテーマを考えてみました。このようなぼんやりとした単元設定では授業になりません。どうしてでしょうか。それは子どもに何が学ぶべき課題なのかということが見えないからです。第一になぜ、身近なものでつくらなくてはならないのでしょうか。子どもにとって必然性がありません。そのため、この単元名のまま授業を進めると、何をしていいのか分からない子どもが出てきます。授業は子どもの思いつきで進み、最後に何を学んだのかを評価することができないまま授業を終えることになりかねません。

そこで、もう少し内容を具体的にしていきます。例えば「身近なものを使って、学校生活の役に立つものをつくろう」とすればどうでしょうか。こうすると、子どもは「学校生活に役に立つって何だろう?」とテーマから自分たちの生活を見直すことを要求されます。そして、学校生活に向けて反省的な省察がなされ、学校生活上の問題が見出され、それを解決するという学びのストーリーが生まれます。しかも、学校生活を「改善する」といった活動が求められるため、活動の成果が具体的に示せるようになります。活動の目的が明確で、成果が示せると、子どもは関心を持って追求するようになります。このようにして、現状の生活から第二の生活を生み出す総合的学習の目標を達成することができるようになります。

### ②単元テーマのたて方　弱点その2　追求に値する内容があるか？　課題設定について

例えば、「色のあるシャボン玉をつくろう！」という課題を設定したとします。花からとれる色水とシャボン液を混ぜて、シャボン玉をつくります。白い紙に向かって吹いて、いろいろな色で丸い模様を描きます。これだと、一見シャボン玉という子どもが興味を示す教材を用意していること、花を見ることで自然にふれることができるなどの学びがあるように思えてしまいます。しかし、実際には「きれい」といった子どもの感性に訴えているだけなので、きれいなシャボン玉をつくろうとする、ないしはきれいな模様をつくろうとするので図画工作の授業と同じ結果になってしまいます。それが悪いというわけではありません。ただ、他教科との重複は避けたいです。そうした重複を調整することはカリキュラムマネジメントと呼ばれ、今時学習指導要領では総合的学習の役割のひとつとされています。そこで、課題設定を次のように変えてみました。「学校にある花をつかって色つきのシャボン玉ができるか？」

これだと子どもは何となくできそうだ！　というワクワク感を持つことができます。先の課題だとつくれなければ学習にならなくなってしまいますが、この課題設定だと、失敗しても「この花ではできない」ということがわかればそれが学びになります。さらに、できそうな花を探して学校や地域を探検する活動もできます。

このように、子どもが日常の生活の場である学校を見直すことから、学びを形成するのが総合的学習です。きれいな作品をつくることに専念させるだけであれば、総合的学習の授業とは言えません。

### ③単元テーマのたて方　その3　子どもの関心をひろいあげる

例えば「野菜スタンプをつくろう」というテーマを変えてみましょう。当初、お気に入りの野菜を見つけて、その野菜に親しみをもってほしいと教師は考えていました。そうすると、給食で残しがちな野菜に興味を持ってくれるのではないかというねらいがあったからです。

授業では、子どもには自分たちがつくりたいスタンプにふさわしい野菜はどれかな？　を考えさせるために、いろいろ試してみました。ピーマンであれば、半分にすれば枠が書けます。芋なら一定の硬さがあるので彫れます。キュウリなら？　トマトなら？　と次々試していきました。そうすると、野菜をカットするので、子どもはカットした面に関心を持ち始めました。活動するうちに、これまでのように、ただ野菜を見ているだけではわからなかった「中はどうなっているのだろう？」という点に関心が変わってきました。子どもが関心を持ちはじめると学びが生まれます。こうした子どもの関心をとらえると、「スタンプにしたい野菜を探そう！」という単元名がふさわしくなります。

## 単元テーマを書きかえるだけで子どもの学びが見えるようになる

総合的学習の単元構成においては、子どもの学びの特徴をふまえて弾力的に展開する必要性があると学習指導要領では述べられています。そのため、学習指導要領に示された例示に囚われ、例示に沿って単元を展開するだけではなく、学校で特色のあるカリキュラムをマネジメントすることもできます。現在では、子どもの状況や教師のやりたいこと、地域の取り組みなどを勘案して総合的学習の指導計画を作成することが求められています。つまり、それほどさまざまなものに縛られなくても、学校現場でみんなが力をあわせて自由に単元を考えてよいということです。その際、手労研でこれまで取り組んできた実践はとても参考になります。

# 第4章　総合的学習の授業　3つの転換1つの挑戦

総合的学習を真に楽しく学びがいのあるものにするためには、これまでとは違った考え方を持つ必要があります。総合的学習は、これまでの授業づくりの考え方から3つの転換を要求しています

## 第1節　子どもの学びが広がる授業への転換

### Ⅰ学習観の転換

#### 子どもの学びを見直そう

まず初めの転換は「学習観の転換」です。わたしたちは、これまで「学習」といえば認識や技能の獲得を目指してきました。そのため、子どもたちに一定の知識や技能を身につけることを要求してきました。そして、その量は年々増えていき、各教科の内容は量的にかなり多くなりました。現在ではもはやパンク寸前です。そこで、「学び方を学ぶ」という提起がされました。学び方を学んでおけば、学びたいときに自分自身で学ぶことができるというわけです。

しかし、学ぶ内容を問わないで、学び方という方法だけを切り離して身につけることができるのでしょうか。言語には言語特有の学び方があり、数理には数理特有の学び方があります。もちろん、それらの基になる教授法の原理はあります。しかし、教授法の原理を子どもが学ぶ必要はありません。学び方を内容と切り離して習得させようとすると、どうしても形式的になってしまいます。

加えて、学びは個性的でもあります。授業の感想を書いてもらうと、同じ授業を受けていても受けとめ方はそれぞ

れ千差万別であることがよくわかります。学び方とは別に、ひとにはひとの学び様（スタイル）があります。こうした学びの真の特徴をとらえて、授業づくりを考えていく必要があります。

そのためには、これまでの「学習」に対する私たち大人の常識を見直し、学習観の転換を図らなければなりません。

## これまでの学習観・授業観の問題点

これまでわたしたちは、授業は教師が指導計画をたて、意図的にねらいをきめて、教材を準備して行うものだと考えてきました。そのため、授業のねらいをどうするか、何を教材として、どのように指導していくかということを指導案という形で表現して、検討した上で実践に挑んできました。そこでは、子どもが教師の定めたねらいに向けて学習を進め、一定の学力を身につけることが前提とされていました。

ところが、実際に授業をすると、子どもは必ずしも教師が想定したような反応を示してくれるとは限りません。場合によっては、教師の設定したねらいに関心を示さないこともあります。また、教師が設定したねらいをこえて学ぶこともあります。ベテラン教師の授業では、子どもをねらいにひきつけ、上手く学びを引き出しているように見えますが、実際には授業中にこうしたねらいと学びの間にある齟齬を修正しながら、授業を展開しているのです。

## 発問した後の「返し」にみる学習観・授業観

授業は教師が発問して、子どもがそれに応えて進められていくのが通常です。発問はある程度事前に練っておくことができます。ところが、発問に対する子どもの反応はあらかじめ想定はできますが、必ずしも想定した通りにはいきません。発問すると子どもはそれに応じて様々なリアクションをしてくれます。これに教師がどう応えるかによって授業が変わっていきます。

## 2つの授業を比べてみよう

小学校で「風探し」の授業を行いました。この授業は、子どもの目に見えない風を意識させて、学校の中に吹いている風を探し、見つけてきた風を「カルタ」にすることで、言語化とあわせて絵で表現させることを試みたものです。そこで行った2つの授業を比較することによって、指導経験の差がどのように出るかということを確かめるために、教員免許を保有している大学院生とベテラン教師が、大学院生の作成した指導案で同じ「発問」をおこない授業を展開してみることにしました。その授業の導入の場面で「風」に注目させるため、次のような絵を見せて「気が付いたことをあげましょう」という「発問」をしました。

①大学院生の場合

大学院生の場合は次に示すような授業の展開になりました。

この記録をみると、子どもは絵を見て「昔の絵だ」ということに気が付いていることがわかります。その解答は教師が求めている解答と異なります。それでも教師は「そうだね」と子どもの発言を認めたかのような反応をしています。そのため、子どもは「昔」や「古い」といった観点でこの絵を見ることを教師が求めていると思ってしまいます。そのように思い込んでしまうと、特定の観点からしか絵を見ることができなくなってしまいます。教師はさかんに「他にはないかな」と観点を変えた気付きをうながすような問いかけをしていますが、子どもの反応は変わりません。この授業では「風」という解答を引き出すために10分以上かかりました。導入としては時間をかけすぎです。

大学院生の場合

**教師**：「この絵を見て、気がついたことをあげましょう」

ー子どもは一斉に手を挙げる。教師が指名する。

**子どもＡ**：「むかしのことです」

**教師**：「そうだね、その通り。昔のことだね。ほかには、どうかな」

**子どもＢ**：「江戸時代の絵」

**教師**：「よく知ってるね、そうだよ江戸時代だよ」

**子どもＣ**：「古い絵です。だって着てるものが古いよ」

**教師**：「そうだね。着物を見るとわかるね。ほかにはどうかな」

**子どもＤ**：「橋が古い」

**教師**：「橋が今とは違うね。でも、もっとほかに気がついたことはないかな」

**子どもＥ**：「手前の船が古いよ」

**教師**：「そうだね。手前に船が描いてあるね。でも、もっとほかにはないかな」……

②ベテラン教師の場合

ではベテラン教師の場合はどうなったのでしょうか。先の場合と同様に絵を黒板に貼り付け、同じ発問「この絵を見て、気が付いたことをあげましょう。」をしました。

結果はここに示したように、わずか三分で子どもから「風」という解答を引き出すことができました。さらには、授業の進行が途中から教師を仲立ちとしたやり取りではなく、子ども同士のやり取りに変わっています。後半では、子どもたちが、指名されるのを待てずに話し始めました。そこでは、子どもたちは秩序を保ちつつも主体的に発言しています。こうして教師が意図する「風」という解答を引き出すことに成功しました。この両者の違いはどこにあるのでしょうか。

ベテラン教師の場合

**教師**：「この絵を見て、気がついたことをあげましょう」

—子どもは一斉に挙手する。少し間をおいて「たくさん手が挙がったね。みんなやる気ですね」と挙手したことに対しては応えている。その後指名する。

**子どもA**：「昔の絵です」

**教師**：「ふーん。それで」

—子どもたちは、少し考えて（この間、若干間がある）再度手を挙げる。

**子どもB**：「何かが転げ落ちている」

**教師**：「それはいいところに気がついたね。ではどうして転げているのかな」

**子どもC**：「風が吹いているから」

教師：「おお、すごいね。では、どんな風が吹いているのかな」このあたりから挙手する子どもが急に増えてきた。

**子どもD**：「強い風です」

**子どもE**：「すごく強い風だと思います。だって、上の人が着ているものがヒラヒラしているよ」

**子どもF**：「木の葉っぱも揺れている」

**子どもG**：「草がみんな同じ方向に傾いている」

**教師**：「みんないろいろ気がついたね。これは歌川広重っていう人が描いた『大風』の日の様子を表した絵です」

**子どもA**：「これから風のことを勉強するんだ」

**子どもD**：「おもしろそう」

## 発問に対する子どもの反応にどう応えるか

両者の違いは、「発問」に対する子どもの反応に教師がどのように応えているかにあります。通常、問いに対応する応えというのは、文脈性を伴っているため、話の流れに沿って発言されます。大学院生の授業の場合は、子どもの解答が大学院生が意図する解答と異なっていても、話の文脈性を大切にしているため、大学院生は「そうだね、その通り。昔のことだね。」と子どもの発言を否定していません。子どもが応えた「むかし」という解答の文脈性を認めているため、子どももその文脈性を崩すことがないように以下、「むかし」という文脈にそって、時に関する発言をしていきます。そうした流れの中で、子どもたちは、大学院生は時に関する話題を求めていると勘違いして受けとめ、その後も時に関する話題から外れないように解答をしていることがわかります。大学院生は自分が意図する話題へと文脈を変えたいので何度も「他にないかな」とうながしていますが、子どもが受けとめている文脈を変えることはできませんでした。

## 時には子どもの学びの文脈を断ち切ることもある

ベテラン教師の授業でも発問に対する子どもの反応はそれほどかわりありません。ところが、子どもの反応に対する「返し」が異なっています。ベテラン教師は子どもの解答に対して「ふ〜ん。それで」というように、子どもの発言に対して関心がないかのようなそぶりを見せています。通常の会話では、このようなことをすれば、会話が成り立たなくなるので、こうした反応はあまり示しません。ベテラン教師は、あえて、会話であれば成り立たなくなるような「返し」をしています。ベテラン教師は、子どもの解答をあからさまに否定してはいないのですが、自分が期待する解答と異なるということを示唆しています。子どもはそうしたベテラン教師の反応から、この教師が求めているのは、自分たちの解答した文脈とは異なることに気が付いています。そこで、文脈を変えて観点の異なる解答をする子どもが表れました。その解答をひろいあげることによって、教師の意図に近い解答を得ることができています。

このように、ベテラン教師は、発問への「返し」の仕方によって、子どもに考えさせるようにしているのです。ここに大学院生とベテラン教師の授業の違いがあることがわかりました。

## 学習観・授業観の転換とは

この問題を学習観・授業観という観点から見ていきましょう。大学院生は子どもの回答を大切にすることは、子どもの発言を否定しないことだと考えています。これは大学院生にとってみれば、子どもの学びを大切にした授業を行うための前提となっています。ところが、そのために、いたずらに子どもを混乱させる結果を招いています。これに対してベテラン教師は、子どもの学びを大切にするということは、子どもにさまざまな観点で物事を見つめさせることだと考えています。ベテラン教師がそのように考えているのは、子どもの応えの先に、子どもに気づかせたい目標を明確に持っているからです。つまり、ただ「風」という応えを引き出すだけではなく、風に対する観点をいろいろ出させておき、今後の子どもがとらえる風のイメージを豊かにしておきたいと考えていたのです。そのため、子どもが提起した観点以外の観点が出てくるように、子どもの解答に対して「返し」を行っているのです。つまり、子どもとともに授業をつくるというのであれば、子どもがより多様な観点で考えられるようにすること、並びに教師が考えて欲しいことと子どもの考えをつなぎ合わせてあげることが大切だということがわかります。最終的には、教師を介在させなくても、子どもだけで話が進められるようになれば、子どもの学びが主体的になったと言えるのではないでしょうか。

## Ⅱ教材研究の転換

# 第2節　子どもと決める教材

実際に、教師が授業をつくる際に一番時間をかけるのは教材研究です。それは授業の構成要素の中で教材が具体的でわかりやすく、他の要素を包括しているからです。総合的学習では、教材についても子どもとともに考えてみてはどうでしょうか。

### 教材を決めてからどうする?

子どもの身近で生活に必要なものにお箸があります。子どもとお箸をつくって食について学ぼうと考えました。「お箸から食の世界が見える」というテーマの単元をつくります。そこで、お箸の材料やサイズ、作り方について教材研究してみようと考えました。しかし、それでは「お箸をつくる」だけになってしまいます。そこで、教材研究の枠組みを変えてみました。

### 教材研究の枠組み

お箸には学びになる要素がたくさんあります。それを抽出して、教材研究の枠組みをつくります。お箸を例に考えてみましょう。第1にものがつかめないとお箸としては使えません。つまり、機能性が重要になります。そして、食に使うものなので衛生的であることが必要です。最近では抗菌作用があるお箸というのも耳にします。古来中国では、毒殺を避けるために銀のお箸を使っていました。そうした学びが展開できそうです。第2には通常家庭では「自分のお箸」を使っています。自分自身の手になじむお箸というパーソナルな面があります。第3にお箸は、それを使う地域・民族が一定しています。西洋ではフォークとナイフが一般的です。すなわち、お箸には文化があります。こうした文化を探っていくと、奥が深く学びが広がり、かつ深まることが考えられます。

このように考えてくると、お箸から文化につながる「社会に開かれた」学びが見えそうだということになります。教材研究を行うにあたっては、こうした枠組みを定めていくことが必要です。

## 子どもと考える教材研究

ところが、今挙げたような枠組みで教材研究をするのはこれまで教師の仕事でした。そのため、一番学んでいるのは実は教師だったのではないでしょうか。これを子どもといっしょに研究してみてはいかがでしょうか。そうすると、場合によっては教師が大切だと思っていても、子どもは関心を示さないことがあるかも知れません。その時、その枠組みからは学びが生まれません。もちろん、進め方もあるとは思いますが、決して無理強いしないことが大切です。子どもは自分たちが学びたいかどうか判断するにあたって、わたしたち大人が考える以上にいろいろ考えています。だから、子どもが受け入れてくれなかったことについては、深入りしない方がいいと思います。

このようにこれまで教師が独占していた教材研究を子どもとともに楽しみましょう。

## Ⅲ 指導観の転換

### 第3節 子どもとともに学ぶ

これまで教師は学校で子どもに物事を「教えて」きました。教師になる人の多くは「教える」ことが好きです。そのため、ついつい教えたくなってしまいます。総合的学習では、そこから脱却する必要があります。

#### 指導する責任

最近では教え込むことが指導だと思っている人は少なくなってきました。それは、子どもの権利が認められ、指導に対する考え方が変わってきたからです。総合的学習では、この考え方をより一層進めていきます。

では、「指導する」というのはどういうことでしょうか。改めて考えてみましょう。大切なことは、いくら指導観が変わっても、教師という仕事が変わるわけではないということです。わたしたちの国では、義務教育の教育課程は年齢主義で編成されています。つまり、教師には教える義務があるのです。そして、子どもには学ぶ権利があります。小学校3年生であれば、その1年間に3年生としてふさわしい学力を身につける義務が教師にはあります。日本では留年や飛び級がありません。3年生で学ぶ教育内容を習得していればいいというのではありません。友だちといっしょに1年間過ごして、さまざまなことをその年齢で学ぶ権利が子どもにあるのです。そのため、留年や飛び級がありません。しかも、教師は「教員免許状」という独占資格を有していなければなりません。教師は高度で専門的な資格なのです。その教師が「指導する」というのは責任のある行為です。

## よい授業って何

そうした責任ある行為が現在、転換を迫られています。教師が「教える」というのは、子どもの学びを保障するということとつながっていなければならないということです。しかも、「教え込む」というのはダメ。ではどうすればいいのでしょうか。そのために、よい授業とは何かを考えてみましょう。

大学の教育学部で入学したての1年生に「よい授業ってどのような授業ですか?」と聞くとかえってくる多くの応えは、「教室は静かで、先生が朗々と話し、子どもはそれに聞き惚れている。先生の説明が上手くてとてもわかりやすい。」というイメージになります。大学生がこれまで受けてきた授業観がとても反映されています。こうした授業をよい授業とする授業観が総合的学習では一番困ります。

## 総合的学習のよい授業

総合的学習では教師が説明する場面が多いというのが困ります。むしろ、子どもが関心を持って自分たちでアクティブに学ぶ姿、問いを持って追求する姿、教師との関係の中だけで学ぶのではなく、自ら没頭して学ぶ姿こそが、総合的学習のよい授業です。

## 総合的学習の指導

では、総合的学習ではどのような指導が行われているのでしょうか。そのひとつは、子どもが物事に関心を持ってくれるように誘うことです。先に述べたように、子どもの学びの源泉は関心です。大人ができるのは子どもが関心を持てるように、いろいろな準備をすることです。例えば、環境の整備であったり、クラスへの問題提起の仕方を工夫する、発問や「返し」を工夫することなどが考えられます。

## 物事に関心を持たせるための誘い

具体的な例を元に考えてみましょう。みなさんもぜひ一度やってみて下さい。これは「本物の豆腐をつくろう」という単元でとりくんだ実践です。ここに5種類の豆腐があります。これを商品名やパッケージを見せないで味見させて、値段の高い順に並べかえさせます。さて、値段の高いものを当てることができるでしょうか。

豆腐は、味や舌触り、箸で持った感触、硬さ、色合い、艶などが微妙に異なります。それが複雑に現れるので本当にわかりません。一番高い豆腐ですら意見が分かれます。

次に、それぞれの豆腐のパッケージ表示を示します。図4―1のようになっていました。

まず、商品名をみると「絹ごし豆腐」と書かれたものと「充填豆腐」と書かれたものがあります。さらには、大豆にもさまざまあることがわかります。また、凝固剤もにがりだけとは限りません。こうした情報を得てから、値段を明らかにしていきます。

多くの子どもは「『充填豆腐』は安い」とか「外国産の豆を使っているから安い」「原材料が国産で遺伝子組みかえでないと書いているのが高い」というように材料と関連させて値段を予想します。結果は、子どもの予想通りにはなりません。豆腐の値段は味や原材料、製法で決まっているわけではないのです。こうした活動が、子どもの豆腐に対する関心を呼び起こします。

こうした活動を経て、「本物の豆腐を作ろう」という単元がより深い意味を持って受けとめられるようになります。

図4－1　5種類の豆腐の商品情報

| |
|---|
| A　品名：絹ごし豆腐　原材料名：大豆（国産）、にがり、グリセリン脂肪酸エステル、消泡 |
| B　品名:絹ごし豆腐　原材料名:大豆（国産、遺伝子組みかえでない）、凝固剤、グリセリン脂肪酸エステル |
| C 品名：充填豆腐　原材料名：大豆（アメリカ・カナダ産・遺伝子組みかえでない）、塩化カルシウム、硫酸カルシウム、グリセリン脂肪酸エステル |
| D　品名：絹ごし豆腐　原材料名：大豆（国産）、凝固剤：塩化カルシウム（にがり）、レチシン（大豆由来）、炭酸マグネシウム |
| E　品名：絹ごし豆腐　原材料：豆乳クリーム、大豆（国産）（遺伝子組み換えでない）、凝固剤・消泡材：グリセリン脂肪酸エステル |

出典：豆腐のパッケージから筆者作成

きき豆腐の結果表

| | 1班 | 2班 | 3班 | 4班 |
|---|---|---|---|---|
| ↑高い〈値段が〉↓安い | A | E | C | D |
| | B | C | D | A |
| | C | A | A | C |
| | D | B | E | E |
| | E | D | B | B |

## せっぱ詰まると学びが深まる

総合的学習では、子どもたちの目の前にある課題が大きくて明確であり、現実性があれば、そこで学ぶ内容が高まってきます。豆腐をつくるという活動はそれほど簡単にできるものではありませんでした。学園祭での販売を目標にしていましたが、学園祭の一週間前になっても豆腐ができません。子どもたちは薬品を使うと簡単に、しかも歩留まりが良くできることを知っています。そこで教師から薬品を使うことを提起してみました。すると子どもは猛反発しました。「薬品を使って作った豆腐は、本物の豆腐じゃない」というのです。しかし、現実にはそうした豆腐がたくさん売られています。だから、薬品を使ったからといって本物ではないとは言い切れないのではないかというと、子どもは「本物とはきちんと手作りで、技を使って薬品など使わないでつくったものだ」と言いました。学びが進んでいく中で、子どもたちの「本物」に対する考え方が鍛えられていることがわかります。これがまさに総合的学習の成果だと思います。

その後、子どもは毎日何度も豆腐づくりに挑戦します。そうすると、温度管理や扱いが極めて丁寧になっていきました。最終的には学園祭の２日前に見事な豆腐を連続してつくり出すことができるようになりました。

# 第4節　これまで学べなかった内容を学ぶ　新しい学びへの挑戦

## 子どもが総合的学習で獲得する三つの学力

最後に、総合的学習で子どもが身につけた「資質・能力」とはどのようなものかについて考えてみましょう。これまでみてきたような総合的学習によって子どもが獲得した学力の第一は「自分達の手で豆腐をつくることができるようになった」という事実です。簡単そうに見えて、奥が深い技を身につけることができたというのは事実として大切な学力です。第二はチームワークです。ひとりではできないことでも、ひとと協力することによってできるようになったという事実です。子どもは活動していて困難な状況に陥ったときに、とても不安になります。そういったときは、これまで教師に頼っていました。ところが、総合的学習を担当する教師は、その道の専門家ではないので、詳しく知りません。じゃあどうするかといえば、子どもは教師以外の仲間に頼らざるを得なくなります。子どもの発達課題から見ると、現代で一番大変なのは、子ども同士が学びでつながると言うところだと思います。そして、第三は自分が身につけた力を自分自身に還元できるかどうかです。現代を生きる子どもの多くは、自分に自信が持てないでいます。失敗を恐れ、リスクを負いたくない、できれば、目立ちたくないという子どもがたくさんいます。その一方で、プライドが高いのです。そうした子どもが思いきり学びたいことを学び、知ったりできるようになったりすることから自分自身に学んだことを還元させて「わたしって、すてたもんじゃない」と思うようになるのが総合的学習です。こうした学力をより高いものにする新しい学びの創造に挑戦してみませんか。それぞれの学力を詳しくみていきましょう。

## 総合的学習で身につける第一の学力　わかる・できる

第一の学力は、わかる・できるが内容となるので、他から見て見えやすいです。そのため、逆にわからない・できないといったことも見えてしまいます。総合的学習では、わからない・できないということを大切にしたいのです。これまでの学習では、結果を求めてきました。そのため、学力はその子どもに身についた結果とされてきました。総合的学習では、結果よりも、むしろ子どもが知や技を身につけてきた過程を大切にします。そのためには、できないという事実を友だちの前でさらけ出す必要があります。現代を生きる子どもたちの弱点はこうした自分の弱い面をさらけ出すことができないということにあります。私たち大人は子どもに「協同的な学び」を要求しますが、実は子どもにとっての大きなハードルは、子ども同士の関係づくりにあると思います。そのため、総合的学習でわかる・できることはひとりで解決できない高いレベルのことを追求させる必要があります。そして、その課題に対して関心をもち、専念することができるように指導することが大切になります。総合的学習で身につける学力はひとりだけでは学ぶことができない質の高い知識・技能です。

## 総合的学習で身につける第二の学力　わかちつたえる

総合的学習では、学力を個人に埋没させてしまいたくないと思います。学力といえば、これまでは個人が身につけるものだとされてきました。しかし、現実的な力となるのは、自分以外のひとと力を合わせ協同して物事の解決にあたることができる力です。総合的学習では、学力を個人が身につける能力だとは考えません。学ぶことよりも、学び合うことを大切にします。つまり、総合的学習で身につける第二の学力は「学び合う力」なのです。学び合うためには課題を共有できること、人の意見を聞くこと、そして、その上で自分の考えを構築していくことが必要です。

## 総合的学習で身につける第三の学力　ふりかえる

総合的学習では、自身が身につけた力というものが、明確に点数として表れるものではありません。そのため、何が身について何が身についていないのかを自覚することが難しい側面があります。そこで、子どもが自分についた力を自覚できるようにするために行うのが「ふりかえり」です。「ふりかえり」というのは、学習のまとめではありません。総合的学習で学んだことと自分自身をつなげて考える機会のことです。

そうした機会は「ふりかえりをしましょう」では実現できません。子どもが「○○ができるようになった自分ってすごい」と思えるようにするためには、課題の内容が問題になります。簡単にできそうで、やってみると難しい。知っているけれど、調べていくと気が付いていないことが沢山あって奥が深い、という中味のある課題を子どもに提起します。そうした課題であるからこそ、子どもはできるようになった自分をふりかえるようになるのです。

## 新しい学びへの挑戦

これまで見てきたように、総合的学習は既存の教科・領域と異なり、新しい学びへの入り口となります。総合的学習は何をしてもいいといいながら、単元や教材、子どもに提示する課題にはいくつかの制限がありました。そのため、授業づくりでさまざまな困難にぶつかることもあると思います。そのひとつひとつが、新しい学びへの挑戦となります。その先には、子どもの笑顔があります。笑顔あふれる教室を目指して、総合的学習を活用して、「新しい学び」に挑戦してみませんか。

# 第5章　楽しい総合的学習の授業をつくり出そう

## 総合的学習を楽しくするのは誰だ?

総合的学習は、教育的にも社会的にも、現代的な課題をとらえ、それを乗り越えようと作られてきました。そのため、そこには社会の現実が見え、世の中の仕組みを解き明かすような学びがありました。では、そのような授業をつくるのは誰でしょうか。それは、子どもであり、そして教師でもあります。しかし、それぞれが自分自身が主体となって授業づくりをするという主体者意識がなければなりません。

## 大人の楽しいと子どもの楽しいは違う

ここで、よく考えなくてはいけないのは、「大人の楽しいと子どもの楽しいは違う」ということです。よく、「私だって、こんなに楽しめるのだから、子どももきっと楽しんでくれるだろう」という大人の発言を耳にします。これは要注意です。確かに、大人も子どもも楽しめる授業はあります。しかし、そこで言われている「楽しさ」の中味は大人と子どもで全く違います。そこで、こんな調査をしてみました。

大学生に総合的学習の教材研究として、折り染めの授業をしたときのことです。この授業では、毎回授業プリントを配って授業を進めていました。多くの学生さんは毎回の授業プリントをファイルに入れて保管してします。ところが、毎回もらったプリントを鞄にいれてそのまま。クシャクシャにしてしまい、挙げ句の果てに、なくしてしまう学生さんもいました。「プリントは丁寧にとっておいて下さい」といっても、ただ言うだけではなかなか実行してくれません。そこで、「たまったプリントをまとめてとっておくにはどうすればいいだろう」という課題を提起して学生さんに考えていただき、プリントを綴じて取っておくファイルをつくろうということになりました。せっかくなので、ファイルの表紙を折り染めで飾ろうということにしました。こうして「プリントを綴じるファイルを折り染めでつくろう」という単元を開発・実施しました。最後に感想を書いてもらいました。感想の内容からは、「作業が簡単だった」「失敗がない」「開くときのワクワク感」など7つの項目を楽しさの要因として抽出することができました。

その後、小学校5年生に同じように染めでファイルをつくる授業を行って、大学生が楽しいと感じた項目に賛同するかどうかを問いかけるアンケートをとりました。結果はグラフに示すようになりました。「簡単だ」とか「ワクワク感」は大学生も小学生も共通して賛同したようですが、大学生が楽しいと感じた「きれい」や「失敗がない」「独自性」といった項目には、小学生は余り関心を示しませんでした。その逆に、大学生が関心を示さなかった「遊び感覚」という項目には小学生がとても関心を示していました。

この調査結果からわかるように、子どもと大人では「楽しい」と感じるところが同じものと異なるものがあるのです。そうした違い

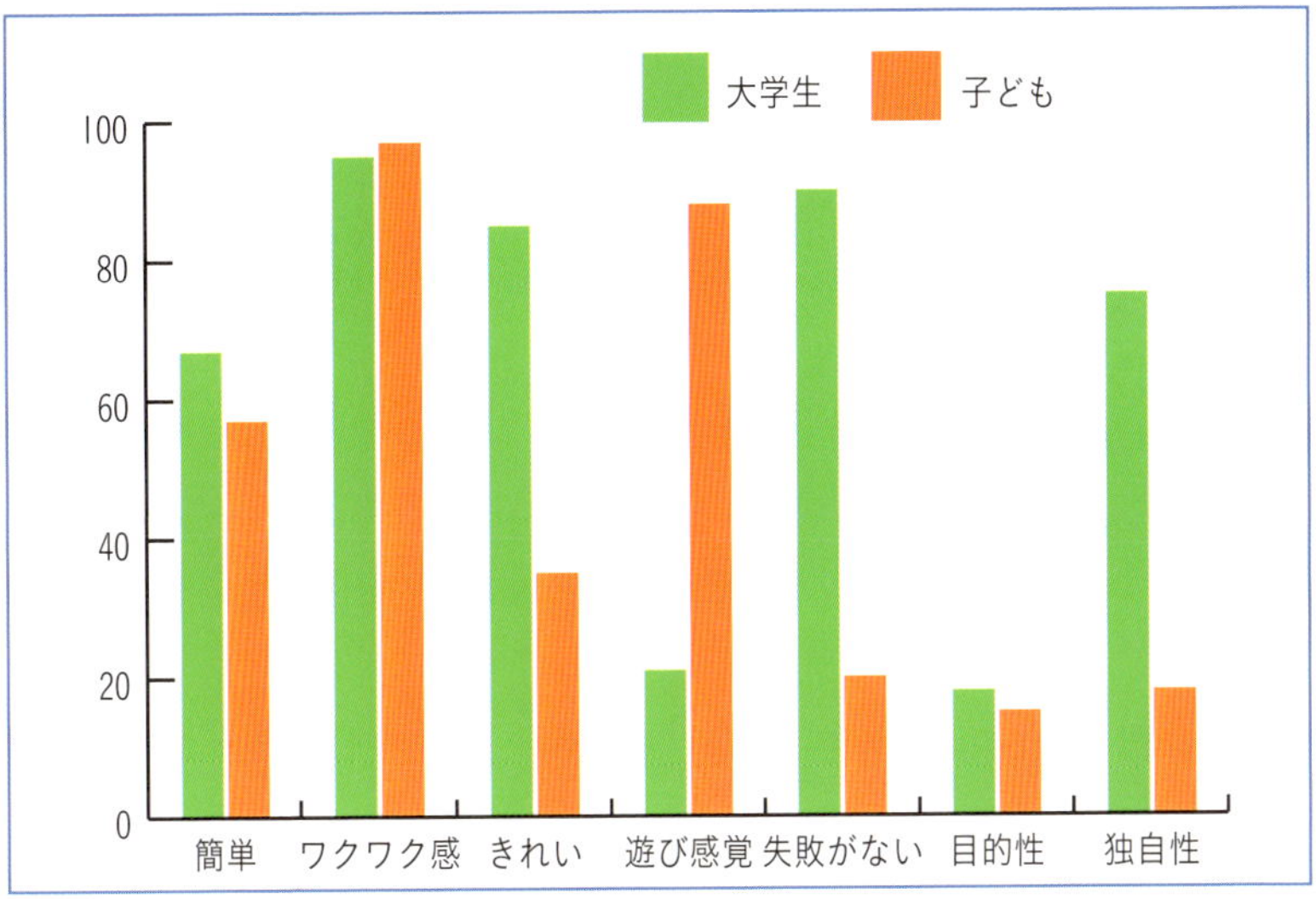

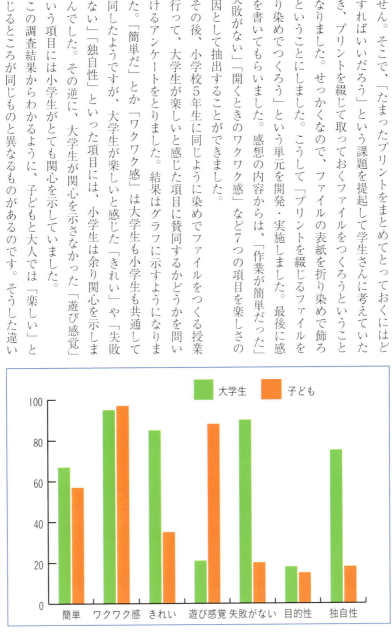

を念頭に置いて「楽しい総合的学習の授業」を考える必要があります。少なくとも、教師が教材研究した段階でおもしろい・楽しいと感じたことはそのまま子どもには通用するものではないということを念頭におく必要があります。

## 子ども目線をどうやって授業にいかすか

新しい学習指導要領では、総合的学習の学習スタイルについて、「①課題の設定（問いを見つける）②情報の収集（問いの解決に必要な情報を集める）③整理・分析（集めた情報や資料を整理して、問いの解決に向けて整理したり、より解決策につながったりするように情報を組みかえる）④まとめ・表現（問いの解決に向けてわかったこと・伝えたいことを表現できるようにする。とりわけ、言語による表現が推奨される）」といった4つの段階が示されています。これまでの総合的学習の取り組みを見ていると、その多くが「情報の収集」から後の活動をどうするかということが主に検討されてきたように思います。②以後の情報の整理や分析といった段階では、探求する対象（内容）によって整理・分析といった方法が決定されます。例えば、統計的に示すことがふさわしい対象と実際の体験を基にした事例的な対象では、整理・分析の方法が異なってきます。自然現象ならば実践的な方法も可能でしょうが、社会現象では実験という方法を採用することは難しいでしょう。そのため、②以後は内容によって大きく制約されることになると思います。

ところが、①の段階では、こうした内容的なことよりも子どもの想いを反映させ、子どもの目線をいかすことができます。すなわち、子どもの目線をいかすためには、①の段階をどのように子どもとともにつくり出すかを考え、そこに力点をおいた実践を展開する必要があるのです。そこでは、大人でさえも楽しい・おもしろいと思うのだから……という大人目線にとらわれないことが大切になってきます。では、大人目線を取り除き、子ども目線を大切にするためのポイントとなるのは、教材のとらえかた、すなわち教材解釈でしょうか、それとも授業の進め方でしょうか、また単元の構成でしょうか。

教材解釈では、教材の中から何をこそ学ばせるべきかを教師が教材研究することによって選定していきます。しかし、それだけでは充分ではありません。子どもがそれを学ぶことにどのような意味があるのかを問うことも必要です。自分たちにとって学ぶ意味があると子どもが感じた時にこそ、子どもは主体的に学ぶようになります。そのため、子どもが学ぶ意味に気が付いてくれれば子ども目線を大いにいかすことができます。

授業の進め方は、教師が巧みに教授法を屈指して仕組むものであれば、子どもの目線は必要ないでしょう。ところが、本当に授業の上手い先生は、授業中に多くを語りません。巧みなのは教師の語りや指導ではないのです。教師が子どもの発言をつなぎ、子どもに返していくことで子どもの考えを広め、深めていくことができます。子ども同士をファシリテートできることが教師にとって大切な役割です。こうした教師は、子どもが自分の意図しなかった応えを提示したときに、どうしようかと迷ってしまうのではなく、むしろ自分の想定外の解答が出ることを楽しんでいます。総合的学習の授業では子どもが活動して、考えるからこそ賢くなるのです。子どもが活動する授業では、教師の想定した解答だけではあまり進展を見ることができません。だからこそ、授業を進める上で、教師の目線以外の子ども目線が必要になるのです。そうした子ども目線を教師が受け止めることが必要になります。

では、単元の展開についてはどうでしょうか。単元計画をたてるのは教師です。だから、そこに子ども目線は入らないのでしょうか。総合的学習の単元構成は、ひと通りしかないというのなら子ども目線は必要ないかも知れません。総合的学習の指導計画は、必ず単一の方向で進むものではありません。そのため、想定の範囲を広げ、上手くいった場合と上手くいかなかった場合を考えてみましょう。そして、いずれの場合においても、授業が進められるように指導計画を構想してみましょう。そこでは、子どもが教師のたてた方針に賛同してくれた場合、賛同してくれなかった場合を想定することになります。そうした指導計画には教師目線以外の目線を取り入れる余地ができます。

## 子ども目線をとらえることはできるのか

とはいっても、大人と異なる子ども目線をとらえることができるのでしょうか。実際に授業をすると、子ども目線をとらえたつもりでも、なかなか上手くいかないものです。そこで、教師はとらえたと思う子ども目線を何度も修正しながら授業をつくっていきます。子ども目線をとらえるというのは一筋縄にはいかないものです。だからこそ、総合的学習の授業は、子どもと教師、子どもと子どものやりとりによって、よりおもしろく、より楽しいものになるのです。

## まずはアクションを起こそう

総合的学習では、まずアクションを起こすことが大切です。教材を探し、自分自身で調べ、深めていく活動が必要です。本書にあげた実践はいずれも、教師が考えたこと・子どもが考えたことがそのまま反映されて授業ができているわけではありません。必ず壁に当たり、悩み、考えています。実は、そうした時間こそが大切な時間なのです。

## 総合的学習の授業をつくる3つの視点

最後に総合的学習の授業をつくる3つの視点をあげておきます。

その第一は教材です。教材は具体物としてわれわれの前に現れます。授業のすべてがこの具体物の中に埋め込まれています。第二は教育内容です。通常の教科の学習ではこの順が逆になっています。教科の学習は教えるべき内容が先にあって、それを習得するために教材を用います。総合的学習は必ずしもそのようには考えられるものではありません。総合的学習では、現実にあるもの・ひと・ことを素材として教材ができ、その教材から子どもは何を学ぶことができるだろうかというように考えます。さらに、子どもが学ぶ価値を見出してくれなければどんなに立派なことを教えても子どもにとっては意味のないことになってしまいます。第三は学ぶことの価値、すなわち、学ぶ目的です。何のために学ぶのだろうかという問いを持ち、その問いに対する応えを追求することを忘れてはなりません。

# あとがき

この本を書いたのは「子どもの遊びと手の労働研究会（略称手労研〈てろうけん〉）」のメンバーです。「手労研」は１９７３年に「子どもの手が虫歯になった」というキャッチフレーズを基に、子どもの生活から豊かな遊びやものづくりが失われることがないように、幼少中・特別支援学校等の教員をはじめ、保育所や学童保育・児童館の職員、保護者、地域の人、そしてものづくりの好きな人が集まってできた市民団体です。現在では全国各地に会員がいます。会員の実践や手づくり。あそびやものづくり・生活に関わる研究を会報として、40年以上、毎月欠かさずに発行してきました。本書の契機となったのは、手労研の財産を引き継ぎ、さらに現代的に意味あるものとして再構築する「手労研・これまでとこれからプロジェクト」でした。

わたしたちの実践・研究では、これまでの先人がつくりだした実践・研究を読み解き、それらから学んだことを基にして自分たちなりの実践や研究をつくりあげてきました。わたしたちは何もないところからアイデアを生み出し、楽しい授業をつくることができるわけではありません。これまでの実践や研究に学び、その上に自分たちの実践・研究を築きあげていくのです。そこに生まれるのが文化です。そうした文化創造に主体的に、子どもとともに参画していくことが、教師の総合的学習であると思います。

子どもの遊びと手の労働研究会
〒２６３―８５２２　千葉県千葉市稲毛区弥生町１―３３千葉大学教育学部　鈴木隆司

電話　０４３―２９０―２５８０
e-mail:t-suzuki@faculty.chiba-u.jp　URL:teroken.jp

## 執筆者ほかプロフィール

鈴木　隆司（すずき　たかし）（はじめに、第1章、3章、4章、5章、あとがき　執筆）
1960年京都府生まれ　東京学芸大学大学院教育学研究科修了。都内公立学校教諭、私立和光小学校教諭を経て、現在千葉大学教育学部教授・同附属小学校特命教諭（兼務）　手労研事務局長

新谷　祐貴（あらや　ゆうき）第2章第1節　執筆
1987年千葉県生まれ　千葉大学教育学部から千葉大学大学院教育学研究科修了　現在千葉市小学校教諭　手労研全国委員

内藤　亮生（ないとう　りょう）　第2章第4節執筆
1988年長野県生まれ　千葉大学工学部から千葉大学大学院教育学研究科修了　現在千葉県中学校教諭　手労研全国委員

中山　義人（なかやま　よしと）　第2章第5節　執筆
1982年千葉県生まれ　茨城大学教育学部から千葉大学大学院教育学研究科修了　現在私立和光中学校教諭　手労研常任委員

西山　裕二（にしやま　ゆうじ）第2章第2節　執筆
1988年千葉県生まれ　千葉大学教育学部卒業　現在千葉市小学校教諭　手労研全国委員

山本　剛大（やまもと　たかひろ）第2章第5節　執筆
1983年東京都生まれ　千葉大学教育学部から千葉大学大学院教育学研究科修了　お茶の水女子大学附属小学校を経て現在私立成蹊小学校教諭　手労研全国大会実行委員長
高岡　寛樹（たかおか　ひろき）校正・事務担当
1987年茨城県生まれ　茨城大学教育学部から千葉大学大学院教育学研究科修了　神奈川県私立高校教諭を経て現在千葉大学大学院人文社会科学研究科博士課程在籍中　手労研常任委員
田中　和成（たなか　かずなり）事務担当
1990年千葉県生まれ　千葉大学教育学部卒業　現在千葉大学大学院教育学研究科在籍中　手労研全国委員

なお、本文中の挿絵は張替宏佳さん（千葉県小学校教諭）にお願いした。

この本の出版にあたって、一藝社社長菊池公男氏、取締役小野道子氏、編集担当川田直美氏にお世話になった。記してお礼申し上げます。

# 総合的学習の指導法 —
# Making of 総合的学習

2018年3月5日　初版第1刷発行
2019年3月25日　初版第2刷発行

編　者　子どもの遊びと手の労働研究会
発行者　菊池 公男

発行所　株式会社 一藝社
〒160-0014 東京都新宿区内藤町 1-6
Tel. 03-5312-8890　Fax. 03-5312-8895
E-mail : info@ichigeisha.co.jp
HP : http://www.ichigeisha.co.jp
振替　東京 00180-5-350802
印刷・製本　シナノ書籍印刷株式会社


Printed in Japan
ISBN 978-4-86359-169-1 C3037

# 小学校ものづくり10の魅力

ものづくりが子どもを変える

技術教育研究会・編

一藝社

A5判　並製　定価（本体900円＋税）

ISBN 978-4-86359-112-7

# ものづくりの魅力

中学生が育つ技術の学び

技術教育研究会・編

一藝社

A5判　並製　定価（本体1,000円＋税）
ISBN 978-4-86359-133-2